決勝英單

高中必背單字

2500

高中常考
單字集

Senior High School English : Vocabulary

高中三年單字、文法一次雙效搞定！

里昂・著

山田社
Shan Tian She

前言
Preface

> 為高中程度量身打造，
> 黃金搭配「單字＋文法」雙效學習法，
> 交叉學習提升英語活用能力，
> 提高效率，達到雙倍效果。
> 讓您從此樂勝考場，無往不利！

　　具備國中英語程度的您，學習的下一步就是更高階的「高中英語」了。然而，以前在學校上的課程，為了簡化學習的複雜度並提高學習效率，通常會把單字和文法分開教學，造成英語學習者在活用時，往往要想好一陣子才能說出一句完整的英語。而已經具備基礎英語能力的您，最需要的就是把之前學的「單字」、「文法」融會貫通！

　　本書採取「單字＋文法」同步學習的方式，從文法知識出發，再將單字融入文法之中成為例句，將「單字＋文法→串聯成句」，您可以在一個句子裡面同時學會單字跟文法的使用方法。另外，本書除了參照教育部編定的高中生必背單字以外，也徹底分析學測、指考、英檢、托福、多益等的必考英單，嚴選絕對必背2500單字。再搭配聽力增強記憶力，您只需一半的時間，就能全面提升聽說讀寫的能力，為各種檢定及考試打好地基！

　　精彩提要：

★ 高中必背「單字＋文法」同步學習，提升造句力！

★ 簡單清楚的文法說明，讓您一看就知道怎麼用！

★ 濃縮大考精華2500字，搭配易讀易背排版方式，讓您戰勝考場！

★ 美籍老師真人朗讀MP3，邊聽邊讀超效率！

本書四大特色

❶ 高中必學文法 ＋ 高中必背單字雙向交叉學習，單字文法全都記得住！

　　本書採取黃金搭配「單字＋文法」，先依所有高中文法主題精心編排，幫助您打好文法基礎，再搭配高中必背單字，兩者合併造句。不僅突出單字在句子中的用法，讓單字的面貌更加具體，也讓您讀完文法概念，馬上用例句實際演練。點線結合的精心安排，您自然而然就知道單字、文法該怎麼用！同時對單字、文法熟悉度也會直線上升，雙向交叉學習，保證學習時間最短、效果最佳！

❷ 經典2500字大考常見英單，精準突破一舉戰勝考場！

　　高中必背單字越來越多，有一些最基本的經典單字，是解題時不可或缺的。本書特別整理出大考常見的英單，再加上延伸學習單字表共2500字！並搭配好讀好背的排版方式，毫無壓力就能內容全部記牢！幫助您在閱讀考題時抓住幾個重點單字，迅速理解文章及題目的意思。不論是學校考試還是各大中級英檢測驗，都能選出正確答案，一舉戰勝考場！

❸ 全方位學習法，全面進攻「聽說讀寫」能力，培養超強戰力！

　　本書不僅僅是一本單字、文法書，書中例句句句淺近道地、短小生動，因貼近生活而特別好學、好記，同時也讓您可以應用在日常生活中。另外文法搭配單字的例句，就是一次又一次的造句範例，經由大量的例句閱讀，不只能提升閱讀能力還能練就造句功力。最後在聽力MP3，幫助您全方位提升「聽、說、讀、寫」戰力，輕輕鬆鬆制霸考場！

❹ 美籍老師示範標準發音，用聽的輕鬆記住單字！

　　隨書附贈由美籍老師錄音朗讀MP3，讓您不只可以用看的，還能在公車上、睡覺前利用零碎時間「用聽的學」，加深單字、文法印象，同時訓練英文語感，更有信心的面對聽力測驗。若再跟著老師唸，增強聽、說能力，就能擁有一口連外國人都驚訝的標準英文腔。

目錄
Contents

7 　假設語氣

8 　連接詞

13 **倒裝**

14 **字首與字尾**

Unit

1

時態

英文文法中存在著許多不同的時態用法，分別適用於不同的時間點、不同的含意上。英文時態除了有現在、過去、未來的差別外，大致又分為簡單式、進行式、完成式等型態。瞭解不同的句法的真正意思，才能確切地描寫出想表達的事物喔！

1 現在簡單式

直接使用現在式動詞，就是現在簡單式。雖然叫做現在式，但其實是用來表示「普遍的情況」，而不是「現在」正發生的事情喔！所以常常需要配合頻率副詞，才能點明動作真正發生的時機。

單字＋文法一起學！

□□□ **passive** [ˈpæsɪv]	形 消極的，被動的
	He <u>is</u> sometimes passive. 他有時候很消極。
□□□ **concert** [ˈkɑnsɚt]	名 音樂會，演奏會
	We seldom <u>go</u> to concerts. 我們很少去聽音樂會。
□□□ **fishing** [ˈfɪʃɪŋ]	名 釣魚，漁業
	My family <u>goes</u> fishing once a month. 我們全家一個月去釣一次魚。
□□□ **penguin** [ˈpɛngwɪn]	名 企鵝
	Penguins <u>live</u> in cold areas like Antarctica. 企鵝住在如南極一般寒冷的地區。
□□□ **reader** [ˈridɚ]	名 讀者，讀本
	Her readers <u>express</u> their admiration through her online blog. 她的讀者透過她線上的部落格，表示對她的讚賞。

2 過去簡單式　🎧 1-2

直接使用過去式動詞，就是過去簡單式。可能是字尾加上 -ed 的規則動詞，或是沒有定律的不規則動詞。我們用它來説明過去發生的事件。

單字＋文法一起學！╮

□□□ **pill** [pɪl]	名 藥丸，藥片
	I <u>took</u> some sleeping pills last night. 我昨晚吃了一些安眠藥。
□□□ **prosper** [ˈprɑspɚ]	動 繁榮，昌盛
	Chiu-Fen <u>prospered</u> quickly during that time. 那段期間，九份快速地繁榮起來。
□□□ **landlord** [ˈlændˌlɔrd]	名 房東，地主，老闆
	The landlord <u>came</u> this morning to collect the rent. 今早房東來收房租。
□□□ **crash** [kræʃ]	名 相撞，撞擊　動 碰撞，撞擊
	A plane <u>crashed</u> into the Twin Towers in New York City. 一架飛機撞上了紐約市的雙子星大樓。
□□□ **occupy** [ˈɑkjəˌpaɪ]	動 佔領，進駐
	The Japanese <u>occupied</u> Taiwan during the first half of the 20th century. 在二十世紀上半期，日本人曾經侵占過台灣。

3 未來簡單式　 1-3

使用《will ＋原形動詞》的句形，就是未來簡單式，也可以用《be going to ＋原形動詞》的句型來代替，用來説明未來即將要發生的事，或是計畫要去做的事情。

單字＋文法一起學！╮

□□□ **miracle** [ˈmɪrəkl]	名 奇蹟，奇事
	Do you think there <u>will be</u> a miracle? 你覺得奇蹟會出現嗎？
□□□ **essay** [ˈɛse]	名 短文，評論
	I <u>will write</u> an essay on Shakespeare. 我將會寫一篇關於莎士比亞的論文。

□□□ **reliable** [rɪˈlaɪəbl̩]	形 可靠的，可信賴的
	You <u>will find</u> him to be a very reliable person. 你會發現他是個很可靠的人。
□□□ **proceed** [prəˈsid]	動 進展，繼續進行
	We <u>will proceed</u> after a ten-minute break. 休息十分鐘之後，我們將繼續。
□□□ **hostel** [ˈhɑstl̩]	名 宿舍，旅店
	<u>We're going to stay</u> in a cheap hostel tonight. 今晚我們會住進一家便宜的旅社。

4　包含助動詞的簡單式 (1)

用《助動詞＋原形動詞》的結構可以「改變動詞的語氣」。每個助動詞都有各自的意思，像是 should（應該）、must（一定）、may（可能）、can（可以）…等。如果要加上否定詞 not，要放在助動詞和動詞之間喔！

單字＋文法一起學！

□□□ **virus** [ˈvaɪrəs]	名 病毒，毒害
	Your computer <u>may be</u> infected with a virus. 你的電腦可能被病毒感染了。
□□□ **dine** [daɪn]	動 用餐，進餐
	<u>Shall</u> we <u>dine</u> together tomorrow night? 明天晚上我們一起吃晚餐如何？
□□□ **practical** [ˈpræktɪkl̩]	形 實際的，實用的
	We <u>should think of</u> something more practical. 我們應該想一些更實際點的東西。
□□□ **sexy** [ˈsɛksɪ]	形 性感的，色情的
	You <u>can be</u> sexy as long as you want to be sexy. 只要你想變性感，你就可以性感的。
□□□ **summary** [ˈsʌmərɪ]	名 摘要，概要
	You <u>must be</u> more concise in writing summaries. 你撰寫摘要一定要再更精簡些。

5　包含助動詞的簡單式 (2)

有些片語所表達的意思是和某些助動詞很相近的，例如 should（應該）→ ought to、will（將）→ be going to、must（必須）→ have to 等。其中 have to 變成否定語氣的 don't have to 時，表示「可以不必」的意思，和 must not「絕不可以」的意思不一樣喔！

單字＋文法一起學！↘

□□□ **embassy** [ˈɛmbəsɪ]	名 大使館
	I'm going to contact the embassy for help. 我要聯絡大使館以尋求協助。
□□□ **dash** [dæʃ]	動 猛撞，急奔　名 急衝，奔跑
	You really don't have to dash around all day like this. 你大可不必整天這樣跑來跑去的。
□□□ **gallery** [ˈgælərɪ]	名 畫廊，走廊
	You ought to visit that gallery before you leave the city. 在離開這個城市以前，你應該去參觀那間畫廊。
□□□ **landmark** [ˈlændˌmark]	名 地標，陸標
	You ought not to miss the landmark of Taipei–Taipei 101. 你不該錯過台北的地標：台北 101 大樓。
□□□ **accommodate** [əˈkɑməˌdet]	動 調節，適應，和解
	We have to think of another way to accommodate more people here. 我們得另外想個辦法，來讓這裡容納更多的人。

6　包含助動詞的簡單式 (3)

雖然助動詞後面要接原形動詞，但還是有別的方法可以表現過去的事件的！用 have to（必須）→「had to」、can（可以）→「could」、will →「would」或是「was(were) going to」等。

單字＋文法一起學！↘

□□□ **survival** [səˈvaɪvl̩]	名 殘存，生存
	They had to do whatever they could to ensure their survival. 當時他們為了生存什麼事都得做。
□□□ **surgeon** [ˈsɝdʒən]	名 外科醫生
	I thought he was going to become a surgeon. 當時我以為他會成為一個外科醫生。

□□□ **shame** [ʃem]	名 羞恥，羞愧 動 侮辱，羞愧
	He realized that he <u>would live</u> in shame for the rest of his life. 當時他發現，自己將會含辱度過餘生。
□□□ **procedure** [prə'sidʒɚ]	名 程式，手續，過程
	They <u>had to follow</u> the standard procedure to apply for probate. 他們當時必須遵照標準程序，來申請遺囑檢驗。
□□□ **species** ['spiʃiz]	名 種類，物種
	We thought we <u>could do</u> some research on some endangered species. 當時我們認為可以對某些頻臨絕種的物種進行研究。

7　現在、過去進行式　🎧 1-7

進行式的標準句型就是《be 動詞＋V-ing》，由前面的 be 動詞來決定動作是「過去」還是「現在」進行中的事情。

單字＋文法一起學！

□□□ **interpreter** [ɪn'tɝprɪtɚ]	名 翻譯者，解釋者
	The interpreter <u>is translating</u> what he just said. 翻譯員正在翻譯他剛剛所說的話。
□□□ **drip** [drɪp]	動 滴下，漏下，滴水
	Something <u>is dripping</u> from the ceiling. 有東西正從天花板上滴下來。
□□□ **clumsy** ['klʌmzɪ]	形 笨拙的，愚笨的
	The clumsy boy <u>is trying</u> to repair his bicycle. 那個笨拙的男孩，正試著修理自己的腳踏車。
□□□ **defend** [dɪ'fɛnd]	動 防禦，保衛
	The soldiers <u>were fighting</u> to defend our country. 當時士兵們正奮鬥著保衛我們的國家。
□□□ **definition** [,dɛfə'nɪʃən]	名 定義，下定義
	She <u>was looking for</u> the right definition of his words. 當時她正在為他的話，找出正確的定義。

8　包含助動詞的進行式

助動詞後面要接原形動詞，這個規定在進行式的結構中也是不變的，所以綜合起來就變成《助動詞＋be＋V-ing》的句型啦！也就是説，be 動詞在這個句型裡面是固定不變的。

單字＋文法一起學！

□□□ **boycott** [ˈbɔɪ͵kɑt]	動 聯合抵制，拒絕參加　名 聯合抵制，拒絕參加
	They can't be boycotting our products! 他們不可能抵制我們的產品吧！
□□□ **yawn** [jɔn]	動 打呵欠，張口　名 呵欠
	You shouldn't be yawning like that during class. 在課堂上你不應該那樣打呵欠的。
□□□ **volunteer** [͵vɑlənˈtɪr]	名 志工，志願兵
	They may still be looking for additional volunteers. 他們有可能還在尋找額外的志工。
□□□ **clinic** [ˈklɪnɪk]	名 診所，門診
	Mr. Fox must be working in his clinic at this moment. 這時候福克斯先生一定是在他的診所工作。
□□□ **universal** [͵junəˈvɝsl̩]	形 普遍的，通用的
	The committee would be discussing some universal issues. 委員會將會討論一些共通性的議題。

9　未來進行式

已知「明天早上會是在上班」，或是「下禮拜會是在度假」等未來的情形，就可以用《will be＋V-ing》的句型了，也就是未來進行式，表示未來的某個時刻將會在進行某件事情。

單字＋文法一起學！

□□□ **compete** [kəmˈpit]	動 競爭，比賽，對抗
	They will be competing against each other tonight. 他們今晚將要一決勝負。
□□□ **author** [ˈɔθɚ]	名 作者，作家
	The author will be introducing his new book on a TV show. 那位作者將會在電視節目上介紹他的新書。

□□□ **honeymoon** [ˈhʌnɪˌmun]	名 蜜月，蜜月假期
	The newlyweds <u>will be enjoying</u> their honeymoon next week. 下個禮拜，這對新人將會享受他們的蜜月假期。
□□□ **Olympic** [oˈlɪmpɪk]	形 奧林匹亞的，奧林匹斯山的
	<u>Will</u> you <u>be watching</u> the Olympic Games in London in 2012? 2012 年的時候，你會在倫敦觀賞奧運競賽嗎？
□□□ **interact** [ˌɪntəˈrækt]	動 互動，互相影響
	The students <u>will be interacting</u> in this class instead of just listening. 在這堂課中，學生們將會有所互動，而不只是聽課。

10　不能用進行式的動詞　🎧 1-10

沒聽過有人說「我正在認識你」或是「我正在同意你」這類的話吧？聽起來多奇怪啊！有些動作是沒辦法用進行式來表現的，像是「感情」、「想法」、「知覺」等非動態的動詞。

單字＋文法一起學！

□□□ **discipline** [ˈdɪsəplɪn]	名 紀律，懲戒，訓戒
	I don't <u>think</u> anyone could ignore our discipline. 我不認為有誰可以漠視我們的紀律。
□□□ **behavior** [bɪˈhevjɚ]	名 行為，舉止
	We all <u>know</u> that this is not acceptable behavior. 我們都知道這是不被允許的行為。
□□□ **charming** [ˈtʃɑrmɪŋ]	形 有魅力的，迷人的
	I <u>agree</u> with the opinion that Hugh is a charming man. 我同意休是個有魅力的男人這個說法。
□□□ **existence** [ɪgˈzɪstəns]	名 存在，生活，實在
	Some people don't <u>believe in</u> the existence of God. 有些人並不相信上帝的存在。
□□□ **palace** [ˈpælɪs]	名 皇宮，宮殿
	What you <u>see</u> now is the ancient palace of the Incas. 你現在所看到的是印加民族的古老宮殿。

11 現在完成式

🎧 1-11

《have/has ＋過去分詞》就是現在完成式的句型，第一、二人稱或是複數形主詞用 have，第三人稱或是單數形主詞則用 has。現在完成式表示「從過去某時間點起的動作，一直持續到現在這一刻」，表示橫跨過去與現在的事件。常常搭配的詞有 for（有多久）、since（自從）、ever（曾經）、never（從未）、yet（目前）、so far（目前），其中 yet 只用在問句和否定句中。

單字＋文法一起學！

□□□ **sponsor** [ˈspɑnsɚ]	動 發起，提倡 名 贊助人，提倡人 We <u>have not found</u> a single sponsor <u>yet</u>. 到目前為止，我們都還沒有找到一家贊助廠商。
□□□ **phrase** [frez]	名 片語，成語 <u>Have you ever heard of</u> that phrase before? 你以前有聽過那句成語嗎？
□□□ **imaginary** [ɪˈmædʒəˌnɛrɪ]	形 想像中的，幻想的 The writer <u>has written</u> many imaginary stories. 那位作家已經寫了許多虛構的故事。
□□□ **suburb** [ˈsʌbɝb]	名 郊區，市郊 The Parkers <u>have lived</u> in the suburbs <u>for</u> years. 派克一家已經住在郊區好幾年了。
□□□ **split** [splɪt]	動 劈開，分裂，切開 The students <u>have split</u> into six groups. 學生們已經分成了六組。

12 現在完成進行式

 1-12

現在完成進行式的句型就是《have/has ＋ been ＋ V-ing》，其中 been 是固定不變的，也就是《have/has ＋ p.p.》和《be 動詞＋ V-ing》的結合。完成進行式的重點放在持續一段時間的「動作本身」，而不是到目前為止的結果。

單字＋文法一起學！

□□□ **ache** [ek]	名 疼痛 動 覺得疼痛，渴望 <u>I've been having</u> a terrible ache in my back. （從之前某個時候開始）我的背部一直感到劇烈的疼痛。

☐☐☐ **negotiate** [nɪˈgoʃɪˌet]	動 談判，洽談，協商
	They <u>have been negotiating</u> for a better result. 為了有個更好的結果，他們仍持續地進行談判。
☐☐☐ **practice** [ˈpræktɪs]	動 實踐，練習，實行
	She <u>has been practicing</u> her violin skills since an early age. 她小時候就開始練習她的小提琴技巧了。
☐☐☐ **prayer** [prɛr]	名 祈禱，祈禱文
	The lady <u>has been saying</u> prayers since her husband's accident. 那位女士從她丈夫的那場意外開始，就一直念著禱告文。
☐☐☐ **civilization** [ˌsɪvḷəˈzeʃən]	名 文明，教化
	My professor <u>has been studying</u> ancient Egyptian civilization. 我的教授一直在研究埃及的古文明。

13 過去完成式

過去完成式的句型是《had ＋過去分詞》，沒有主詞人稱上的差異。它是用來凸顯兩個過去事件中，較「早」發生的那一個，因此都是和另一個過去式的句子一起出現的。所以要記住它的使用時機其實很簡單，就是靠口訣：「過去的過去」。

單字＋文法一起學！

☐☐☐ **murder** [ˈmɝdɚ]	名 謀殺，謀殺案 動 謀殺，兇殺，殺人
	A murder <u>had happened</u> before we arrived. 在我們到達之前，已經發生了一場謀殺案。
☐☐☐ **folk** [fok]	名 民俗，民族 形 民間的，通俗的
	I read the folk tale that he <u>had told</u> me about. 我讀了他之前跟我提過的那個民間故事。
☐☐☐ **demonstrate** [ˈdɛmənˌstret]	動 論證，證明，展示
	They demonstrated the machine that they <u>had invented</u>. 他們展示了他們發明的機器。
☐☐☐ **receipt** [rɪˈsit]	名 收據
	She found the receipt that she <u>had lost</u> a few days ago. 她找到了前幾天弄丟了的收據。
☐☐☐ **bribe** [braɪb]	名 賄賂，行賄物 動 賄賂，收買
	The police arrested the legislator after he <u>had taken</u> bribes. 警察逮捕了先前收取賄賂的立法委員。

14　未來完成式

未來完成式的用法比較少見，用來表示「某個動作，在未來某個時間點將會完成」，使用的公式是《will have ＋過去分詞》。由於 will 是助動詞，所以 have 固定是原形的狀態，不隨人稱而改變。

單字＋文法一起學！↘

□□□ **exhibition** [ˌɛksəˈbɪʃən]	名 表現，展覽品，展覽會
	The exhibition <u>will have ended</u> by tomorrow. 到了明天展覽就已經結束了。
□□□ **agreement** [əˈgrimənt]	名 同意，協議
	We <u>will have reached</u> an agreement tonight. 今晚我們就會達成一個共識了。
□□□ **employee** [ˌɛmplɔɪˈi]	名 職員，員工，受雇員
	The employees <u>will have gotten off</u> work by then. 到了那時候，員工們都已經下班了。
□□□ **petrol** [ˈpɛtrəl]	名 汽油
	The price of petrol <u>will have skyrocketed</u> 30% by then. 到了那時候，石油價格就會漲足百分之三十了。
□□□ **lung** [lʌŋ]	名 肺
	Your lungs <u>will have been destroyed</u> by the time you quit smoking. 等到你戒菸的時候，你的肺就已經被毀啦。

15　「與事實相反」的助動詞完成式

很不幸地，助動詞後面不能用過去式動詞，所以我們得繞個路，用《助動詞＋ have ＋過去分詞》的句型，來表達過去已經完成的事情。特別的是，這個句型同時會表達出「與既定事實相反」的意思，所以常常是表示「惋惜」、「懊悔」等意思。

單字＋文法一起學！↘

□□□ **surfing** [ˈsɝfɪŋ]	名 衝浪遊戲
	You <u>should have gone</u> surfing with us! 你當時真應該和我們去衝浪的！（但你沒去）
□□□ **reference** [ˈrɛfərəns]	名 參考，參考文獻
	I <u>might have found</u> more references if I had had time. 如果有時間的話，我也許可以找到更多參考資料的。（但當時沒有時間）

☐☐☐ **sufficient** [sə'fɪʃənt]	形 充份的，足夠的
	We <u>could have gotten</u> a sufficient amount of money. 當時我們或許能得到充裕的資金的。（但是沒得到）
☐☐☐ **manufacturer** [ˌmænjə'fæktʃərə]	名 製造商，廠商
	Mom <u>might have sued</u> the manufacturer if I hadn't stopped her. 如果當時我沒有阻止，媽媽可能就會去告那個製造商的。（我阻止了她）
☐☐☐ **rebuild** [ri'bɪld]	動 改建，改造，重建
	They <u>would have rebuilt</u> the memorial if the government had supported them. 當時如果政府有支持的話，他們就會重建紀念碑了。（但沒有）

16 現在進行式的其它用法

現在進行式還可以用來表示「近期的狀態」，像是最近正著手於什麼事情、最近正在學什麼才藝等；另外，它也可以表示未來的意思，說明「已經安排好要做」的事情。

單字＋文法一起學！

☐☐☐ **recipe** ['rɛsəpɪ]	名 食譜，處方，烹飪法
	<u>I'm</u> presently <u>looking for</u> new recipes . 我最近在尋找新的食譜。
☐☐☐ **conservative** [kən'sɝvətɪv]	形 保守的，守舊的 名 保守者，守舊者
	Their company <u>is being</u> pretty conservative these days. 他們公司最近還滿保守的。
☐☐☐ **medical** ['mɛdɪkl]	形 醫學的，藥學的
	Cecilia <u>is thinking about</u> attending medical school. 塞西莉雅正在考慮去讀醫學院。
☐☐☐ **fatal** ['fetl]	形 致命的，重大的
	That fatal disease <u>is spreading</u> quickly throughout the country. 那個致命的疾病正快速地在國內蔓延開來。
☐☐☐ **racial** ['reʃəl]	形 人種的，種族的
	The two parties <u>are debating</u> over racial discrimination these days. 這陣子，兩政黨進行著有關種族歧視的爭辯。

17 比較：過去進行式與過去簡單式

過去進行式和過去簡單式時常一起連用，用簡單式來敘述事件一，用進行式來說明事件二。這時候整個句子會變成這樣的意思：「在事件一發生時，事件二已經持續發生了一段時間」。

單字＋文法一起學！

□□□ **rescue** [ˈrɛskju]	名 解救，營救，援救　動 解救，營救，援救
	I <u>was bleeding</u> when the rescue team <u>arrived</u>. 當救援小組抵達時，我正在流血。
□□□ **tragedy** [ˈtrædʒədɪ]	名 悲慘，慘案，悲劇
	We <u>were having</u> dinner when the TV news <u>reported</u> the tragedy. 當電視新聞播報那場悲劇時，我們正在吃晚餐。
□□□ **vision** [ˈvɪʒən]	名 視覺，眼光
	The phone <u>rang</u> when we <u>were discussing</u> visions for the future. 當我們正針對未來的見解進行討論時，電話響了。
□□□ **whomever** [hʊmˈɛvɚ]	代 任何人，無論誰（受詞）
	The rebels <u>were attacking</u> whomever they saw when we <u>arrived</u>. 我們到的時候，叛軍們正在攻擊每一個他們所看到的人。
□□□ **announcement** [əˈnaʊnsmənt]	名 通告，宣佈
	The professor <u>was making</u> an announcement when we <u>entered</u> the classroom. 當時我們進入教室時，教授正在宣佈一件事情。

18 比較：現在完成式與過去簡單式

舉例來說，完成式可以表達「我到現在為止已經讀了三小時的英文」，有可能還要繼續讀，或是現在剛好讀完；而簡單式則可以表達「昨晚我讀了三小時的英文，現在在做別的事情」。現在完成式的動作和現在有關聯（所以才叫「現在」嘛！），過去簡單式則沒有。因此，當動作確切發生的時間點已經點明時，我們會使用過去簡單式，並且是已經完全結束的事。

單字＋文法一起學！

□□□ **India** [ˈɪndɪə]	名 印度
	<u>Have</u> you ever <u>been</u> to India? 你（從出生以來）有去過印度嗎？

☐☐☐ **comedy** [ˈkɑmədɪ]	名 喜劇
	Frank <u>has seen</u> countless comedies. 法蘭克（從以前到現在）看過無數場的喜劇片。
☐☐☐ **communist** [ˈkɑmjʊˌnɪst]	形 共產主義的，共產黨的 名 共產主義者，共產黨
	The communists <u>took over</u> their country 50 years ago. 五十年前，共產黨接手（統治）了他們的國家。（現在沒有）
☐☐☐ **multiple** [ˈmʌltəpl]	形 複和的，多樣的
	I <u>haven't finished</u> the multiple choice questions yet. 我目前還沒完成多選題。
☐☐☐ **presentation** [ˌprizɛnˈteʃən]	名 贈送，陳述
	He <u>delivered</u> a very well-organized presentation this morning. 今早他做了一場條理清晰的簡報。（現在沒有在做簡報）

19 比較：現在完成式與現在完成進行式

現在完成式的焦點是動作所產生的「結果」，完成進行式則是強調「動作本身」。靈活地運用兩種不同的句法，可以使句子更加生動喔！

單字＋文法一起學！↴

☐☐☐ **liberal** [ˈlɪbərəl]	形 慷慨的，寬大的 名 自由主義者
	The king's thoughts <u>have never been</u> liberal. 國王的想法從未是開明自由的。
☐☐☐ **civilian** [sɪˈvɪljən]	形 平民的，百姓的 名 平民，百姓
	The civilians <u>have been suffering</u> under his dictatorship. 一直以來他的獨裁讓百姓們苦不堪言。
☐☐☐ **continual** [kənˈtɪnjʊəl]	形 連續的，不斷的
	Their support <u>has been</u> a continual encouragement to us. 他們的支持，（一直）是對我們持續的鼓勵。
☐☐☐ **jury** [ˈdʒʊrɪ]	名 陪審團，評議會
	The jury <u>has been discussing</u> but <u>has not yet reached</u> a verdict. 陪審團一直討論著，還沒有作出判決。（未有結果）
☐☐☐ **self** [sɛlf]	名 自我，自己
	He <u>has been looking for</u> his true self that seemed to <u>have disappeared</u>. 他一直在尋找那似乎（結果）已經消失了的真正的自己。

Unit 2

被動語態

反過來以「接受動作的那一方」來出發，換個觀點敘述事情，就是所謂的被動語態。然而『我愛你』並不等於『你愛我』，所以要熟悉被動語態的各種寫法，才能寫出與主動語態意義相符的被動句喔！

另外，英文主動和被動的語法邏輯中，有一些和中文是剛好相反的，所以要細讀本章，趕快揪出藏在腦袋裡的「中式英文」吧！

1 簡單式

《be 動詞＋過去分詞》是被動語態的基本句型，此時 be 動詞要隨著主詞人稱來變化，過去分詞則是固定不變的。如果是未來的被動式，則要用《will be ＋過去分詞》，固定使用 be 動詞即可。

單字＋文法一起學！

□□□ **digital** [ˈdɪdʒɪtl]	形 數位的，數字的
	My digital camera <u>was stolen</u>! 我的數位相機被偷了！
□□□ **prohibit** [prəˈhɪbɪt]	動 禁止，阻止
	Drunk driving <u>is</u> strictly <u>prohibited</u>. 酒後駕車是嚴格禁止的。
□□□ **bamboo** [bæmˈbu]	名 竹，竹子
	Bamboo <u>is used</u> to make chopsticks. 竹子被拿來製造筷子。
□□□ **expense** [ɪkˈspɛns]	名 費用，代價
	All of the expenses <u>are listed</u> on this paper. 所有的花費都列在這張紙上。
□□□ **scientific** [ˌsaɪənˈtɪfɪk]	形 科學的，科學上的
	His new theory <u>is supported</u> by many scientific facts. 他的新理論是有許多科學根據支持的。

2 進行式

進行式的被動並沒有未來的用法，所以只要考慮現在和過去式兩種就好啦！句型是《be 動詞＋ being ＋過去分詞》，表示「在現在或是過去的某時候，正在承受某個動作」的狀態，而其中 being 是固定不變的。別忘了 be 動詞中，is / am / are 是現在式，was / were 是過去式喔！

單字＋文法一起學！

□□□ **medal** ['mɛdl̩]	名 獎牌，勳章
	The medals are being awarded to the winners. 正在頒發獎牌給獲勝者。
□□□ **furnish** ['fɝnɪʃ]	動 供應，給（房間）配置
	His luxurious house is being furnished right now. 他的豪宅正在給人安置家具。
□□□ **disturb** [dɪs'tɝb]	動 弄亂，打亂，打擾
	The speech was being disturbed by a naughty child. 當時一個頑皮的小孩正在擾亂演講。
□□□ **lobster** ['lɑbstɚ]	名 龍蝦
	The lobster I bought is being cooked by my mother. 我媽媽正在煮我買的那隻龍蝦。
□□□ **pianist** [pɪ'ænɪst]	名 鋼琴家，鋼琴演奏者
	The young pianist was being introduced to the royal family. 那位年輕的鋼琴家當時正被介紹給皇室。

3 現在、過去完成式

2-3

現在完成式的被動句型是《have/has ＋ been ＋過去分詞》，其中 been 是固定不變的。和一般的完成式一樣，如果要表現過去完成式，只要把 have/has 改成 had 就可以了，變成《had ＋ been ＋過去分詞》。

單字＋文法一起學！

□□□ **accent** ['æksɛnt]	名 重音，口音，腔調
	Her accent has been corrected. 她的口音已經被矯正了。
□□□ **persuade** [pɚ'swed]	動 勸說，說服
	Mom has been persuaded by my words. 媽媽已經被我的話給說服了。

□□□ **meadow** [ˈmɛdo]	名 牧場，草地
	The meadow <u>has been tended</u> to by our gardener. 草地已經被我們的園丁修剪過了。

□□□ **location** [loˈkeʃən]	名 位置，場所，特定區域
	The lost children's location <u>has been identified</u>. 已經找到失蹤孩子們的所在位置了。

□□□ **access** [ˈæksɛs]	名 接近，使用，入口　動 接近，使用
	The access road I used to take <u>has been closed</u>. 那個以前我走過的入口，已經被關閉了。

4 與助動詞連用　🎧 2-4

被動語態中，助動詞只能用在現在簡單式和現在完成式中，變成《助動詞＋ be ＋ p.p.》和《助動詞＋ have been ＋ p.p.》。同樣地，因為是接在助動詞後面，be 動詞和 have been 都是固定不變的喔！而因為 will 也是助動詞的一種，所以未來完成式的用法，也包含在這個類別裡面。

單字＋文法一起學！↘

□□□ **refugee** [ˌrɛfjʊˈdʒi]	名 難民，流亡者
	All the refugees <u>will have been rescued</u> by then. 到了那時，難民們已經全數被救出來了。

□□□ **operator** [ˈɑpəˌretɚ]	名 行家，操作員
	The operator <u>might have been fired</u> for our complaints. 那個作業員可能已經因為我們的抱怨而被解雇了。

□□□ **pirate** [ˈpaɪrət]	名 海盜，盜印商
	Those pirates <u>should have been captured</u> and <u>executed</u>. 那些海盜應該要被抓並處決了。（但卻沒有）

□□□ **scholarship** [ˈskɑləˌʃɪp]	名 學問，獎學金
	Elizabeth <u>might have been awarded</u> the scholarship and <u>gone</u> abroad. 伊莉莎白本來可能已經拿到獎學金，而且出國了。（但沒有）

□□□ **surround** [səˈraʊnd]	動 包圍，圍繞
	They <u>could have been surrounded</u> by their enemies. 他們本來可能被敵人給包圍了。（但沒有）

5 情意動詞 (1)

表示驚訝、疑惑、喜悦⋯等的情意動詞，跟中文的邏輯恰好相反。以 interest (使⋯感興趣) 這個動詞來説，是「有趣的事物→ interest(s) →感興趣的對象」的關係，所以有感覺的人是受詞而不是主詞喔！

單字＋文法一起學！

□□□ **scare** [skɛr]	動 驚嚇，恐懼
	Did that horror film <u>scare</u> you? 那部恐怖片嚇到你了嗎？
□□□ **fluent** [ˈfluənt]	形 順利的，流暢的
	His fluent Spanish <u>impressed</u> us all. 他流利的西班牙文讓我們印象深刻。
□□□ **amaze** [əˈmez]	動 大為驚奇，驚愕
	His great progress in math <u>amazed</u> me. 他在數學方面進步神速，令我大為驚嘆。
□□□ **disappoint** [ˌdɪsəˈpɔɪnt]	動 使失望，挫敗
	Your actions have really <u>disappointed</u> me. 你的舉動真叫我大為失望。
□□□ **fascinate** [ˈfæsn̩ˌet]	動 令人著迷，入迷
	Her newly released novel <u>fascinates</u> me a lot. 她新發表的小説讓我非常著迷。

6 情意動詞 (2)

因為有感覺的人其實是「受詞」的那一方，所以如果要表示中文的「某人對某物感興趣」這句話，就要用被動語態來説囉！比較要花時間的是，每個情意動詞搭配的不一樣的介係詞，例如 be satisfied with、be interested in 等。

單字＋文法一起學！

□□□ **astonish** [əˈstɑnɪʃ]	動 使吃驚，使驚訝
	We <u>were astonished with</u> his performance. 他的表演讓我們感到非常驚訝。
□□□ **frequent** [ˈfrikwənt]	形 快速的，頻繁的
	Grandma <u>is</u> very <u>pleased by</u> his frequent visits. 他經常來家裡，讓祖母很高興。

□□□ **admiration** [ˌædməˈreʃən]	名 欽佩，讚美
	The girl was surprised by his passionate admiration. 那女孩被他熱情的讚美給嚇到了。
□□□ **fascinate** [ˈfæsn̩ˌet]	動 強烈吸引，迷住
	I was fascinated by her immense knowledge on the subject. 她在這主題上有如此豐富的知識，令我著迷不已。
□□□ **bulletin** [ˈbʊlətɪn]	名 公報，公告
	The students are shocked at the announcement on the bulletin board. 學生們對於布告欄上的告示感到非常震驚。

7 情意動詞 (3)

現在分詞（-ing）表示「主動」，過去分詞表示「被動」、「完成」，兩個都可以用來作形容詞。再度以 interest 為例，interesting 是形容人或事物是「有趣的、令人感興趣的」，也就是說明主詞的那一方；interested 是形容被動方的，所以就是「感到有興趣的」人啦。只要弄清楚誰是主詞、誰是受詞，就不會搞錯了！

單字＋文法一起學！

□□□ **astonishing** [əˈstɑnɪʃɪŋ]	形 令人驚訝的，驚人的
	Her improvements are quite astonishing. 她的進步叫人驚歎不已。
□□□ **fascinating** [ˈfæsn̩ˌetɪŋ]	形 迷人的，醉人的
	I think Latin culture is really fascinating. 我覺得拉丁文化非常迷人。
□□□ **tiring** [ˈtaɪərɪŋ]	形 累人的
	Listening to his pointless lectures is tiring. 聽他毫無重點的演講真是累人。
□□□ **amazing** [əˈmezɪŋ]	形 驚人的，令人吃驚的
	The scenery in the national park was amazing. 國家公園的景色，讓人歎為觀止。
□□□ **awkward** [ˈɔkwɚd]	形 笨拙的，不熟練的
	My awkward movements were embarrassing! 我那些笨拙的動作，真是叫人尷尬！

8 被動意義的主動動詞：「看起來」、「聽起來」等 🎧 2-8

明明在句意中是「承受動作的對象」，怎麼寫法卻是跟主動語態一樣呢？有一種感官類動詞就有這種特殊情形喔！也就是國中學過的連綴動詞用法：《動詞＋形容詞》，有 look（看起來）、sound（聽起來）、smells（聞起來）…等用法。

單字＋文法一起學！

□□□ **definite** [ˈdɛfənɪt]	形 明確的，確切的
	His announcements <u>sounded</u> <u>definite</u>. 他的聲明聽起來很明確。（別人聽）
□□□ **scary** [ˈskɛrɪ]	形 嚇人的
	Her Halloween costume <u>looks</u> a little <u>scary</u>. 她的萬聖節造型看起來有點恐怖。（別人看她）
□□□ **smooth** [smuð]	形 平滑的，光滑的 動 使平滑，使光滑
	The little girl's skin <u>feels</u> <u>smooth</u> and <u>cool</u>. 那個小女孩的皮膚（摸起來）感覺光滑而冰涼。（別人摸它）
□□□ **rot** [rɑt]	動 腐敗，墮落 名 腐敗，腐爛
	The fish has <u>rotted</u> and now it <u>smells</u> <u>disgusting</u>! 那條魚腐爛了，現在聞起來真令人作嘔！（別人聞牠）
□□□ **suspect** [səˈspɛkt]	動 懷疑，疑心，不信任 名 嫌疑犯，可疑分子
	The suspect <u>seemed</u> <u>nervous</u> when the police asked him questions. 警察問問題的時候，那個嫌疑犯似乎很緊張。（別人看他）

9 使役動詞的被動寫法 🎧 2-9

Make、let、have 等表示「令某人做某事」的使役動詞，在變成被動語態的時候，要將原本的動詞變成《to＋V》才行，是個特例。

單字＋文法一起學！

□□□ **abandon** [əˈbændən]	動 丟棄，放棄
	The crew <u>were made to</u> <u>abandon</u> the ship. 當時船員們被迫要棄船。
□□□ **grave** [grev]	形 嚴肅的，認真的，嚴重的
	Billy <u>was forced to resign</u> for his grave error. 比利為了他嚴重的錯誤而被迫要辭職。

□□□ **additional** [ə'dɪʃənl̩]	形 額外的，附加的
	I <u>was made to give</u> her an additional discount. 我被強迫要給她額外的折扣。
□□□ **identification** [aɪ,dɛntəfə'keʃən]	名 認同，識別
	The drunken man <u>was told to show</u> his identification. 那個酒醉的男人，被要求出示證件。
□□□ **liberate** ['lɪbə,ret]	動 解放，釋放，使自由
	The guard <u>was threatened to liberate</u> the prisoners. 警衛被威脅要釋放囚犯。

10 常見被動語態句型

英文中有不少慣用語是固定使用被動語態的，下面列出一些常用的片語，要好好記住並活用喔！

單字＋文法一起學！↘

□□□ **profitable** ['prɑfɪtəbl̩]	形 有利潤的，賺錢的
	Tobacco <u>is believed to be</u> a very profitable crop. 菸草被認為是一種高利潤的作物。
□□□ **constructive** [kən'strʌktɪv]	形 建設性的，積極的，有益的
	Leon's suggestions <u>are</u> often <u>considered</u> constructive. 里昂的建議常被認為是很有建設性的。
□□□ **promising** ['prɑmɪsɪŋ]	形 有希望的，有前途的
	Jeff <u>is thought of as</u> the most promising boy in his family. 傑夫被認為是他們家裡最有前途的男生。
□□□ **fashion** ['fæʃən]	名 時尚，流行，風氣
	Vivien Westwood <u>is said to be</u> the godmother of fashion. 薇薇安衛斯伍德被稱為時尚界的教母。
□□□ **admirable** ['ædmərəbl̩]	形 極好的，令人佩服的
	Michael Jordan <u>is regarded as</u> one of the most admirable athletes. 麥可喬登被視為是最值得敬佩的運動員之一。

　　我們常用代名詞來避免重複提到某樣東西。除了最基本的人稱代名詞和指示代名詞，要挑戰高中程度的你更要熟悉其他的代名詞，才能寫出精簡又不失精確的句子！有些代名詞代表「前面提過的事物」，有些則代表「與前面事物的同一類別」，還有些甚至代表「句子中的子句」…種類繁多，快來瞧瞧吧！

1 this / that / these / those (1)

　　This（這個）、that（那個）、these（這些）、those（那些）等四個代名詞，最基本的用法就是當作指示代名詞，指稱眼前的事物，或是較遠的事物。有時候這些代名詞也用來代指「前面出現過的事物」，甚至是前面的「句子」、「敘述」等較大範圍的東西。

單字＋文法一起學！

□□□ **dormitory** [ˈdɔrməˌtɔrɪ]	名 宿舍
	<u>That</u> is the female dormitory. 那就是女生的宿舍。
□□□ **linen** [ˈlɪnən]	名 亞麻布，亞麻製品，亞麻線
	<u>These</u> are really comfortable linen pants. 這是很舒服的亞麻褲呢。
□□□ **original** [əˈrɪdʒənl]	形 原始的，獨創的，最初的　名 原物，原作
	Is <u>this</u> the original version of that song? 這個是那首歌的原始版本嗎？
□□□ **cucumber** [ˈkjukəmbɚ]	名 黃瓜，胡瓜
	Are <u>these</u> pickled cucumbers? 這些是醃小黃瓜嗎？
□□□ **rehearsal** [rɪˈhɝsl]	名 排練，試演，練習
	The final rehearsal is tonight. <u>That</u> is for sure. 最終的彩排時間是在今晚，那已是千真萬確的事了。

2 this / that / these / those (2) 指「人」的 those

Those 常常被應用在關係子句上，指的是沒有特別對象的「任何人」，是這四個代名詞中，唯一有此用法的一個。

單字＋文法一起學！

□□□ idle ['aɪdl]	形 懶惰的，散漫的　動 無所事事，閒混
	Prosperity will not come to <u>those</u> who are idle. 財富不會降臨在懶散的人身上。
□□□ dislike [dɪs'laɪk]	動 不喜歡，討厭　名 不喜歡，討厭
	<u>Those</u> who dislike others are often disliked, too. 那些不喜歡別人的人，通常也不會被喜歡。
□□□ distribute [dɪ'strɪbjʊt]	動 分配，散佈
	Supplies were distributed to <u>those</u> who are homeless. 物資被分配給了那些無家可歸的人。
□□□ erect [ɪ'rɛkt]	動 樹立，使直立
	We erected a monument to honor <u>those</u> who died in the attack. 我們建立了一座紀念碑，來景仰那些在攻擊中喪生的人。
□□□ guilt [gɪlt]	名 內疚，羞愧，有罪
	<u>Those</u> who have no sense of guilt are natural-born criminals. 沒有任何罪惡感的人，是天生的罪犯。

3 this / that / these / those (3) that 與 those 3-3

That 以及 those 還有另一個特殊用法，就是用來代表前面提過的、某類型的事物。也就是說，它們指的並不是前面的同樣一件東西，而是「同類」的事物，例如要比較「A 的眼睛」和「B 的眼睛」時，有時候就會用 those 來指代「眼睛」這個重複的項目

單字＋文法一起學！

□□□ potential [pə'tɛnʃəl]	形 有潛力的，潛在的　名 潛在性，可能性
	Her potential is greater than <u>that</u> of her classmates. 她的潛力比她同學們的（潛力）要大。
□□□ deadline ['dɛd,laɪn]	名 截止日，截稿日，最後期限
	The deadline for this project is earlier than <u>that</u> of the other one. 這個企劃的截止日，比另一個（企劃）要更早。

□□□ **grammar** [ˈɡræməˠ]	名 語法，文法
	German grammar is much harder than <u>that</u> of English. 德文的文法比英文的文法要難多了。
□□□ **prospect** [ˈprɑspɛkt]	名 前景，展望
	The prospects of this company are much better than <u>those</u> of the other one. 這家公司未來的展望，比另一家公司的（展望）要好多了。
□□□ **tablet** [ˈtæblɪt]	名 平板，門牌，筆記簿
	The age of this Egyptian tablet is older than <u>those</u> of all others discovered. 這塊埃及泥板的年齡比所有其他發現過的都要來得老。

4 It 的用法 (1) 天氣、時間、明暗等

常用的代名詞 it 可以用來代替很多抽象、不具體的東西，像是天氣，或是跟單位測量有關的時間、<u>距離</u>、價格、<u>重量</u>等。

單字＋文法一起學！

□□□ **gallon** [ˈɡælən]	名 加侖
	<u>It</u> is five dollars per gallon. 每加侖五塊錢。
□□□ **midday** [ˈmɪdˌde]	名 正午，中午
	<u>It</u> is always blazing hot at midday. 正午的天氣總是炎熱的。
□□□ **accompany** [əˈkʌmpənɪ]	動 陪伴，伴隨，隨著
	<u>It</u> is late. Shall I accompany you home? 很晚了，要不要我陪你回家？
□□□ **volcano** [vɑlˈkeno]	名 火山
	<u>It</u> is about six miles away from the nearest volcano. （這裡）離最近的火山大約有六英哩。
□□□ **outdoor** [ˈaʊtˌdor]	形 戶外的，露天的
	<u>It's</u> sunny today. We should do some outdoor activities! 今天天氣晴朗，我們真該去做些戶外活動呢！

5 It 的用法 (2)《It is/it was +形容詞或名詞+ to V》 🎧 3-5

虛主詞 it 就等於後面的不定詞片語（to V…）。由於是當作「一件事情」來看待，所以 be 動詞一定是使用單數形的 is/was，用來形容「這是件怎麼樣的事」。想要做些變化，變成「也許是」、「應該是」等語氣時，可以在 be 動詞前面加上助動詞。

單字＋文法一起學！

□□□ **nightmare** ['naɪt‚mɛr]	名 惡夢，夢魘
	It was a <u>nightmare</u> to hear him sing! 聽他唱歌真是一場惡夢啊！
□□□ **honor** ['ɑnɚ]	名 榮譽，誠信，信用　動 尊重，敬重
	It is my greatest <u>honor</u> to receive this award. 得到這個獎是我最大的榮幸。
□□□ **insurance** [ɪn'ʃʊrəns]	名 保險，保險費，保險業
	It might be a solution to buy insurance. 買個保險也許會是一個解決之道。
□□□ **approach** [ə'protʃ]	名 取向，方法　動 靠近，接近
	It could be dangerous to <u>approach</u> wild animals. 接近野生動物可能會很危險。
□□□ **actual** ['æktʃʊəl]	形 實際的，事實上的
	It is impolite to ask a woman about her actual age. 向一個女人詢問實際年齡很沒禮貌。

6 It 的用法 (3)《It is/it was +形容詞或名詞》與其他搭配 🎧 3-6

虛主詞 it 就等於後面的「某件事情」，所以只要是可以視作「一件事」的名詞子句（或片語），就可以放在後面。除了最常見的不定詞片語（to ＋原形動詞），另一個常用的就是「疑問詞開頭」的名詞子句：《疑問詞→ S → V》。

單字＋文法一起學！

□□□ **prosper** ['prɑspɚ]	動 繁榮，昌盛
	It is surprising how fast Beijing has prospered! 北京的快速崛起，真是令人驚訝！

□□□ **exceptional** [ɪk'sɛpʃənl]	形 例外的，特別的 異常的
	It was impressive what an exceptional artist he was. 他是個如此優秀的藝術家，令人印象深刻。
□□□ **suspicious** [sə'spɪʃəs]	形 可疑的，懷疑的
	It is an order to arrest anyone suspicious in this area. 逮捕這個區域裡任何可疑的人物，這是命令。
□□□ **therapy** ['θɛrəpɪ]	名 治療，療法
	It was amazing how music became part of the therapy. 音樂竟變成了治療的一環，這真令人驚訝。
□□□ **disappointing** [ˌdɪsə'pɔɪntɪŋ]	形 令人失望的，掃興的
	It was disappointing to have canceled the trip. 旅行取消了，真令人失望。

7 It 的用法 (4)
《It is/it was +形容詞或名詞+ for 或 of +人+ to V》

For 和 of 在這裡的差別是什麼呢？用 for 表示「對某人而言，這件事情是…的」；用 of 則表示「某人做這件事情是…的」。換句話説，使用 for 時，形容詞所形容的是「事件」，但使用 of 時，形容的對象則是「人」。

單字＋文法一起學！

□□□ **disaster** [dɪ'zæstɚ]	名 災害，災難，不幸
	It was a disaster for her to dress like that. 對她而言，穿成那樣真是一場災難啊！
□□□ **ridiculous** [rɪ'dɪkjələs]	形 荒謬的，可笑的
	It is ridiculous of him to accuse me of stealing. 他告我偷竊，真是太可笑了。
□□□ **passport** ['pæsˌport]	名 護照，通行證
	It is vital for you to apply for a new passport. 申請新的護照對你來説是件很重要的事。
□□□ **reasonable** ['riznəbl]	形 合理的，適當的
	It is reasonable of him to change the original plan. 他改變原訂的計畫是很合理的。
□□□ **protein** ['protiɪn]	名 蛋白質
	It is necessary for animals to absorb enough protein. 對於動物而言，攝取足夠的蛋白質是很必要的。

8 　It 的用法 (5) It is…that…(should) 句型 🎧3-8

有一種特殊的《It + is/was + adj. + that one (should) +原形動詞》句型公式，用來表示建議，把 should 當作「竟然」來使用，或是表達個人主觀的想法。其中，should 通常是被省略的，因此看到原形動詞時，可不要覺得奇怪喔！

單字＋文法一起學！

□□□ **raw** [rɔ]	形 生食的，生的，未加工的
	It is strange that they (should) eat raw food. 真奇怪，他們竟然吃生的食物。
□□□ **abuse** [ə'bjuz]	名 濫用　動 濫用，辱罵
	It is urgent that you quit abusing drugs. 你得趕緊戒掉對藥物的濫用。
□□□ **simplify** ['sɪmplə,faɪ]	動 簡化，精簡
	It is necessary that she (should) simplify her writing. 她必須簡化她的文章。
□□□ **pursue** [pɚ'su]	動 追趕，追捕
	It is pathetic that many people (should) pursue only fame and money. 很可笑的是，很多人只追求名譽和金錢。
□□□ **elementary** [,ɛlə'mɛntərɪ]	形 初步的，基本的
	It is a pity that some players (should) skip the elementary training. 真遺憾！有些選手竟跳過了基礎的訓練。

9 　It 的用法 (6) 強調 🎧3-9

如果想要強調某個重點事物，也可以用 it 來表達喔！《It + is/was +名詞 + that…》的句型在這裡變成「（名詞）…才是…」的意思。當重點主題是人物的時候，that 也可以換成另一個關係代名詞 who 喔。

單字＋文法一起學！

□□□ **distrust** [dɪs'trʌst]	動 懷疑，不相信　名 不信任
	It was distrust that destroyed their marriage. 是彼此的不信任，摧毀了他們的婚姻。

□□□ **committee** [kə'mɪtɪ]	名 委員會
	It was the <u>committee that</u> made such a decision, not me. 是委員會做出那樣的決定的，不是我。

□□□ **explanation** [ˌɛksplə'neʃən]	名 解釋，說明
	It is only your <u>explanation that</u> I want to hear. 我想要聽的就只是你的解釋。

□□□ **gang** [gæŋ]	名 古惑仔，幫派，一伙人　動 成群結黨，結夥
	It was actually <u>Megan who</u> joined the gang, not her brother. 其實是梅根加入了幫派，而不是她弟弟。

□□□ **battle** ['bætl̩]	名 戰役，交戰　動 作戰，戰鬥
	It was the <u>Battle of Waterloo that</u> shattered Napoleon's dream. 是滑鐵盧之戰，粉碎了拿破崙的夢。

10　It 的用法 (7) 其他慣用法

英文中有些慣用語是固定使用虛主詞 it 的，以下列出常見的一些 it 慣用語。

單字＋文法一起學！

□□□ **mend** [mɛnd]	動 修改，改進
	It is never too late to mend. 改進永遠也不嫌晚。

□□□ **spill** [spɪl]	動 使溢出，湧流
	It is no use crying over spilt milk. 為了灑出來的牛奶哭泣，是沒有用的。（比喻覆水難收）

□□□ **rumor** ['rumɚ]	名 謠言，傳聞，八卦
	<u>Rumor has it that</u> Hannah and Jack are a couple. 有謠言說漢娜和傑克是情侶。

□□□ **reveal** [rɪ'vil]	動 露出，透露，顯示
	It is (high) time (that) you revealed the truth. 這是你該說出真相的時候了。（早該說了卻還沒有做）

□□□ **retreat** [rɪ'trit]	名 撤退，撤退信號　動 撤退，退卻
	It was not until the army received its orders did it retreat. 軍隊一直等到收到命令之後才撤退的。

11　One 的基本用法

One 在當作代名詞時可以表示與前面提過的事物「同類」的東西，而不是指同樣一件東西喔！除此之外，它還可以用來表示一個沒有確切對象的「人」，常用來敘述通則、真理等句子。

單字＋文法一起學！

□□□ **gown** [gaʊn]	名 長袍，禮服
	She has a beautiful gown. I wish I had <u>one</u>, too. 她有一件美麗的禮服，我真希望也有一件。
□□□ **tulip** [ˈtjuləp]	名 鬱金香
	Look at those tulips! Would you buy me <u>one</u>? 看看那些鬱金香！你願意買一朵給我嗎？
□□□ **reflect** [rɪˈflɛkt]	動 反射，反映；反省
	<u>One</u> should never forget to reflect on <u>oneself</u>. 絕不能忘記要反省自己。
□□□ **hatred** [ˈhetrɪd]	名 憎恨，仇恨
	<u>One</u> must not let hatred take over <u>one's</u> mind. 人絕不能讓仇恨操控自己的心智。
□□□ **lantern** [ˈlæntɚn]	名 燈籠，提燈
	My son wants a lantern for Lantern Festival, so I bought <u>one</u>. 我兒子想要一個燈籠過元宵節，所以我買了一個（燈籠）。

12　One、another 和 others

One、another 和 others 分別表示「一個」、「另一個」、「其他的（複數）」的意思，三個常常放在一起連用，可以清楚地把團體中的不同事物，分別一件一件地娓娓道來。但注意喔，除了提到的這些事物之外，還是有其他這個團體的事物存在的，只是沒有提到罷了。

單字＋文法一起學！

□□□ **poisonous** [ˈpɔɪznəs]	形 有毒的，惡毒的
	There are six drinks and <u>one</u> is poisonous. 這有六杯飲料，其中一杯是有毒的。
□□□ **remain** [rɪˈmen]	動 剩下，餘留
	While he spoke of his idea, <u>others</u> remained silent. 他訴說著自己的想法，而其他人則保持沈默。

☐☐☐ **jail** [dʒel]	名 監牢，監獄，拘留所　動 監禁，下獄
	She had two sons. <u>One</u> died, and the other is in jail. 她有兩個兒子，一個死了，另一個在坐牢。
☐☐☐ **govern** [ˈgʌvɚn]	動 統治，管理
	To be elected is <u>one</u> thing, to actually govern the country is <u>another</u>. 當選是一回事，真正要治理國家又是另一回事。
☐☐☐ **inventor** [ɪnˈvɛntɚ]	名 發明家
	Thomas Edison was a great inventor, and I'll become <u>another</u>. 湯瑪士愛迪生是個偉大的發明家，而我將是另一個（偉大的發明家）。

13　The others 和 the rest

如果想要把一個團體中的東西通通談完，就可以用加上定冠詞 the，表示是特定的對象。the others 或是 the rest 來表示「（剩餘的）其他」，表示沒有別的了。注意 another 是不能夠和 the 一起使用的，因為它其實就是 an（某一個）和 other（其它的）組合啊！

單字＋文法一起學！

☐☐☐ **resign** [rɪˈzaɪn]	動 辭職，放棄，屈從
	Only three people stayed while <u>the others</u> had resigned. 只有三人留了下來，其他的都已經辭職了。
☐☐☐ **assemble** [əˈsɛmbl]	動 集合，聚集
	Your job is to assemble the workers. I will worry about <u>the rest</u>. 你的工作是召集員工們，剩下的（工作）由我來操心。
☐☐☐ **timber** [ˈtɪmbɚ]	名 木材，木料
	This state provides <u>the rest of</u> the country with a lot of timber. 這一州大量地提供了其它州（國家其他地方）的木材。
☐☐☐ **judgment** [ˈdʒʌdʒmənt]	名 審判，判決，判斷
	I obeyed his order while <u>the rest</u> acted on their own judgment. 我聽從他的命令，剩下的人則依自己的判斷行事。
☐☐☐ **timid** [ˈtɪmɪd]	形 膽小的，羞怯的
	While Tim expressed his thoughts, <u>the others</u> were too timid to speak. 提姆表達了他的想法，而其他人則羞怯得不敢說話。

14 複合代名詞 (1)「some +⋯」

字根 some- 可以和其他的字組合成複合代名詞，變成「某個⋯」的意思，像是 somebody（某人）、somewhere（某地）、someone（某人）、something（某個東西）等，還有相似的不定副詞 somehow（某個方法）someday（某天）、sometime（某個時候）等。因為原理類似，所以放在這裡讓大家一起認識！

單字＋文法一起學！

□□□ **revenge** [rɪˋvɛndʒ]	名 報仇，復仇，報復　動 為⋯報仇，復仇
	He will return for revenge <u>someday</u>. 有一天他會回來復仇的。
□□□ **confess** [kənˋfɛs]	動 承認，坦白
	The man says he has <u>something</u> to confess. 那個男人說他要坦承某事情。
□□□ **handwriting** [ˋhændˏraɪtɪŋ]	名 筆跡，書寫體
	<u>Somehow</u>, my daughter copied my handwriting. 我女兒不知道是怎麼模仿我的筆跡的。
□□□ **drawing** [ˋdrɔɪŋ]	名 圖畫，製圖
	I've seen a drawing similar to this <u>somewhere</u>. 我在某個地方看過這個類似的圖畫。
□□□ **replace** [rɪˋples]	動 代替，取代
	It is urgent to find <u>someone</u> to replace him. 要趕緊找人來取代他。

15 複合代名詞 (2)「any +⋯」

字根 any- 可以和其他的字組合成複合代名詞，變成「任何⋯」的意思，像是 anybody（任何人）、anywhere（任何地方）、anyone（任何人）、anything（任何東西）等。這樣的代名詞也視作單數。

單字＋文法一起學！

□□□ **client** [ˋklaɪənt]	名 委託人，客戶
	<u>Anyone</u> may become a future client of ours. 任何人都可能會成為我們未來客戶之一。

□□□ **suitcase** [ˈsutˌkes]	名 手提箱，衣箱
	Is there <u>anything</u> valuable in your suitcase? 你的行李箱裡有任何值錢的東西嗎？
□□□ **aspirin** [ˈæspərɪn]	名 阿斯匹靈
	Do you know <u>anywhere</u> I can find some aspirin? 你知道哪裡可以找到阿斯匹靈嗎？
□□□ **satisfactory** [ˌsætɪsˈfæktərɪ]	形 令人滿足的，良好的，符合要求的
	Jamie's report was <u>anything</u> but satisfactory. 傑米的報告令人相當不滿意。
□□□ **accurate** [ˈækjərɪt]	形 準確的，精確的
	Can <u>anybody</u> here give me an accurate answer? 這裡有誰可以給我一個精確的答案嗎？

16　複合代名詞 (3)「no ＋…」　🎧 3-16

字根 no- 可以和其他的字組合成複合代名詞，變成「沒有…」的意思，像是 nobody（沒有人）、nowhere（沒有地方）、no one（沒有人）、nothing（沒有東西）等。其中的 nowhere 被歸類為副詞，不過因為原理相同，也放在這裡好方便記憶。

單字＋文法一起學！

□□□ **familiar** [fəˈmɪljɚ]	形 親密的，熟悉的
	<u>Nothing</u> here is familiar to me. 這裡沒有任何東西是我所熟悉的。
□□□ **mistress** [ˈmɪstrɪs]	名 情婦
	<u>No one</u> dares to speak of his mistress in public. 沒有人敢在公開場合提到他的情婦。
□□□ **ambassador** [æmˈbæsədɚ]	名 大使，外交官
	The ambassador is going <u>nowhere</u> but to work tonight. 今晚大使除了工作，哪兒也不會去。
□□□ **mercy** [ˈmɝsɪ]	名 仁慈，慈愛，寬恕
	<u>Nothing</u> but the king's mercy can save him now. 現在除了國王的赦免之外，沒有東西救得了他。
□□□ **extensive** [ɪkˈstɛnsɪv]	形 廣泛的，多面向的
	<u>Nobody</u> has an extensive understanding of plants like Jack. 沒有人能像傑克那樣，對植物的知識如此淵博。

17 複合代名詞 (4)「every +…」 3-17

字根 every- 可以和其他的字組合成複合代名詞，變成「每個…」的意思，像是 everybody（每個人）、everywhere（每個地方）、everyone（每個人）、everything（每個東西）等。這樣的代名詞也視作單數。

單字＋文法一起學！

□□□ **faith** [feθ]	名 信心，信任
	<u>Everyone</u> here has strong faith in you. 這裡的每個人都對你非常有信心。
□□□ **fame** [fem]	名 名望，傳說
	You must know that fame isn't <u>everything</u>. 你必須瞭解，名聲並不是一切。
□□□ **inquire** [ɪnˈkwaɪr]	動 詢問，調查，訊問
	The police have inquired with <u>everybody</u> in the room. 警方已經詢問過房間裡的所有人。
□□□ **extremely** [ɪkˈstrimlɪ]	副 極端地，非常地
	<u>Everything</u> in that museum was extremely beautiful. 那間博物館裡，所有的東西都非常漂亮。
□□□ **application** [ˌæpləˈkeʃən]	名 申請，請求，申請書
	I've looked <u>everywhere</u> but still can't find my application form. 我四處都找過了，但還是找不到我的申請表格。

18 所有格代名詞的強調用法 3-18

除了前面提到的《It + is/was +名詞＋ that…》句型，可以用來說明強調的事物外，一般用來表示「某人的」的所有格形容詞，也可以發揮同樣功能喔！

單字＋文法一起學！

□□□ **negotiation** [nɪˌgoʃɪˈeʃən]	名 磋商，談判，協商
	George <u>himself</u> is in charge of the negotiations. 喬治本身是負責協商的。
□□□ **nun** [nʌn]	名 修女，尼姑
	It was Sarah <u>herself</u> who decided to become a nun. 當時是莎拉自己決定要當修女的。

□□□ **melody** [ˈmɛlədɪ]	名 曲子,樂章,曲調
	The melody <u>itself</u> is good enough to make this song a big hit. 旋律本身就足以讓這首歌成為暢銷金曲了。
□□□ **witness** [ˈwɪtnɪs]	名 證人,目擊者,證據 動 目擊,證明,作證
	I <u>myself</u> witnessed the murder with my own eyes. 我親眼目睹了兇殺案。
□□□ **incident** [ˈɪnsədn̩t]	名 事件,事變
	I was not depressed by the punishment but by the incident <u>itself</u>. 我並非因為處罰而感到失落,而是因為那件事本身。

MEMO

Unit 4

不定代名詞

當我們只想討論很多事物中的其中一些時，就會使用不定代名詞。「不定代名詞」同時帶有「不確定的對象」和「代名詞」兩種特性。而不同情況下，不定代名詞又有單、複數的差別。要知道正確使用不定代名詞的方法，就往下看吧！

1 數字＋ of ＋複數名詞

只想討論很多事物之中的某幾個東西，並且也知道確切數字的話，就可以用《數字＋ of ＋複數名詞》的句型來表示。此時數字視作不定代名詞來看待，只知數量而不知確切的對象。通常複數名詞前都會加上 the、所有格等指示詞，這是因為我們在針對某些特定的對象在做討論。

單字＋文法一起學！

□□□ **rotten** [ˈrɑtn̩]	形 腐爛的，墮落的
	<u>Two of the apples</u> are rotten. 蘋果之中有兩個是腐爛的。（並非是所有的蘋果）
□□□ **representative** [rɛprɪˈzɛntətɪv]	名 代表，典型 形 代表的，表現的
	Only <u>one of you</u> will be chosen as the representative. 你們之中只有一個會被選作代表。
□□□ **gambler** [ˈgæmblə]	名 賭徒
	<u>Eight of the gamblers</u> tonight were kicked out of the casino. 今晚的賭客裡，有八個被踢出了賭場。（專指今晚的賭客，不是其他賭客）
□□□ **collapse** [kəˈlæps]	動 倒塌，崩潰 名 倒塌，崩潰
	<u>Hundreds of the buildings</u> in that city have collapsed. 那城市中的幾百棟的建築都倒塌了。（專指某一個城市）
□□□ **pregnant** [ˈprɛgnənt]	形 懷孕的，懷胎的
	It's hard to believe that <u>two of my classmates</u> are already pregnant! 我的同學中已經有兩個懷孕了，真是叫人難以置信！（專指我的同學）

45

2　表示「少（一些）」：(a) few 與 (a) little　

A few 和 a little 的差別在於：前者用來描述可數名詞，後者用來描述不可數名詞，表示「一些」。如果去掉冠詞變成 few 或是 little，則有負面的意思，表示「很少」喔！句型是《不定代名詞＋ of ＋複數／不可數名詞》。

單字＋文法一起學！↴

□□□ **disagree** [ˌdɪsəˈgri]	動 分歧，意見不合
	They disagreed on <u>few of</u> the proposals. 他們對提議中的一部分有意見。
□□□ **evidence** [ˈɛvədəns]	名 證據，跡象
	<u>Little of</u> the evidence is actually useful. 證據之中只有少部分是真的有用的。
□□□ **incomplete** [ˌɪnkəmˈplit]	形 不完全的，未完成的
	<u>A few of</u> the chapters are still incomplete. 還有一些章節是未完成的。
□□□ **masterpiece** [ˈmæstɚˌpis]	名 傑作，名著
	<u>Few of</u> the paintings here are masterpieces. 這裡的畫作中，傑作很少。
□□□ **charity** [ˈtʃærətɪ]	名 慈善，仁愛
	The millionaire gave away <u>a little of</u> his money to charity. 那個百萬富翁捐出了一些錢作慈善捐助。

3　表示「多」：much、many、a lot　

Much 形容的對象是不可數名詞，many 則是可數名詞，至於 a lot 則是兩者通吃，非常好用！

單字＋文法一起學！↴

□□□ **surrender** [səˈrɛndɚ]	動 投降，自首
	<u>Many of</u> the soldiers have surrendered. 士兵中有許多人都投降了。
□□□ **gossip** [ˈgɑsəp]	名 閒話，聊天　動 說閒話，閒聊；散播謠言
	<u>Much of</u> the gossip about him is actually true. 關於他的八卦，其中有不少是真的。

□□□ **iceberg** [ˈaɪsˌbɝɡ]	名 冰山，冷峻的人
	<u>A lot of</u> the icebergs in that area have melted. 那個區域裡的冰山，很多都融掉了。
□□□ **miner** [ˈmaɪnɚ]	名 礦工，開礦機
	<u>Many of</u> the miners were trapped in the collapsed mine. 很多的礦工被困在崩塌的礦坑裡。
□□□ **account** [əˈkaʊnt]	名 帳單，帳戶，估計　動 視為，認為
	<u>Much of</u> his money was transferred to his wife's account. 他很多的錢都轉到他太太的帳戶裡去了。

4　表示「部分」：some、most、part、half 等

Some 表示「一些」，most 表示「大部分」，part 表示「部分」，half 則表示「一半」。這些不定代名詞同時可修飾可數和不可數名詞，但別忘記囉，不可數名詞一律都視為單數處理！

單字＋文法一起學！↘

□□□ **melt** [mɛlt]	動 融化，溶解
	<u>Most of</u> the ice has melted already. 大部分的冰都已經融化了。
□□□ **goods** [ɡʊdz]	名 貨物，商品
	<u>Some of</u> the goods in my shop are imported. 我店裡的商品，有部分是進口的。
□□□ **fund** [fʌnd]	名 資金，基金　動 提供資金
	<u>Part of</u> the fund has been donated to NTU Hospital. 部分的基金捐給了台大醫院。
□□□ **participant** [pɑrˈtɪsəpənt]	名 關係人，參與者
	<u>Half of</u> the participants made it to the top of the mountain. 有一半的參與人員，成功地登上了山頂。
□□□ **industrialize** [ɪnˈdʌstrɪəlˌaɪz]	動 工業化，使工業化
	<u>Most of</u> the industrialized countries have pollution problems. 大部分的工業國家，都有污染的問題。

5 表示「全部」：all 與 both

 4-5

All 與 both 都有「全部」的意思，不同的是，both 是專門用來說明「兩者皆是」的情況的，也就是說，只要說明的對象多於兩個，就要用 all 而不能用 both 囉！

單字＋文法一起學！

□□□ **attractive** [ə'træktɪv]	形 有吸引力的，迷人的
	<u>Both of</u> the girls are attractive. 兩個女孩都很迷人。
□□□ **jewel** ['dʒuəl]	名 珠寶，寶物
	The old lady sold <u>all of</u> her jewels. 那位老太太把她所有的珠寶都賣掉了。
□□□ **illustration** [ˌɪlʌs'treʃən]	名 例證，插圖
	<u>Both of</u> these books have excellent illustrations. 這兩本書都有極為出色的插圖。
□□□ **ingredient** [ɪn'gridɪənt]	名 成分，因素
	You should have listed out <u>all of</u> the ingredients. 你應該要把所有的成分都列出來的。
□□□ **inform** [ɪn'fɔrm]	動 通知，告知
	<u>Both of</u> the applicants were informed of a second interview. 兩個應徵者都收到第二次的面試通知。

6 表示「擇一」：one 與 either

 4-6

One 與 either 都表示「其中之一」的意思，但後者 either 則特別用在說明「兩者其一」的狀況。如果對象超過兩個，就得用 one 而不能用 either 了。而因為這兩個代名詞都帶有「數字」的意味在，所以不能用在不可數名詞上喔！

單字＋文法一起學！

□□□ **credit** ['krɛdɪt]	名 賒帳，信用　動 將事情歸功於…；相信
	<u>One of</u> my credit cards is missing! 我少了一張信用卡！
□□□ **promote** [prə'mot]	動 推薦，促進，晉升
	<u>One of</u> you will be promoted soon. 你們之中有一個會很快升職。

□□□ **champion** [ˈtʃæmpɪən]	名 冠軍，優勝者 動 擁護，支持
	<u>Either of</u> the teams will be the champion. 兩隊之中，有一隊將成為冠軍。
□□□ **academy** [əˈkædəmɪ]	名 學院，大學
	Andy will be going to <u>either of</u> these academies. 安迪將會去（這兩所）其中一所學院上課。
□□□ **candidate** [ˈkændədet]	名 候選人，攻讀學位者
	<u>Either of</u> the candidates will become our next president. 兩個候選人之中，有一個會成為我們下一任總統。

7　表示「無」：none 與 neither

同樣表示「沒有」的 none 和 neither，其中特別用來說明「兩者皆沒有」的是 neither。對象多於兩個時，要用 none 才可以。

單字＋文法一起學！

□□□ **charm** [tʃɑrm]	名 魅力，風韻
	<u>Neither of</u> us could resist his charm. 我們兩個都無法抗拒他的魅力。
□□□ **victim** [ˈvɪktɪm]	名 受害人，犧牲者
	<u>None of</u> the victims survived the tsunami. 沒有一個受害者在海嘯之中逃過一劫。
□□□ **significant** [sɪgˈnɪfəkənt]	形 暗示的，有含義的
	<u>Neither of</u> these symbols is significant to me. 這兩個符號對我來說都沒有特別含意。
□□□ **hesitate** [ˈhɛzə͵tet]	動 猶豫，遲疑，躊躇
	<u>None of</u> my men have ever hesitated on the battlefield. 在戰場上，我的弟兄們沒有人曾經猶豫過。
□□□ **qualified** [ˈkwɑlə͵faɪd]	形 有資格的
	<u>None of</u> the applicants are qualified for the position. 沒有應徵者，資格符合這個職務。

不定代名詞與動詞的一致性

別忘了，句子的主詞可是不定代名詞所指的「某部分」，而不是全體喔！所以可不見得是複數形動詞！如果後面的複數名詞是可數名詞，那麼就只有 one 才是單數形，其他皆為複數形；如果是不可數名詞，則一律視作單數喔！至於表示「沒有」的，則是單、複數皆可。

單字＋文法一起學！

□□□ **tomb** [tum]	名 墓，墓碑
	<u>Some</u> of the <u>tombs</u> in this area are lacking upkeep. 這一帶的墳墓，有些實在缺乏整理。
□□□ **aged** ['edʒɪd]	形 年老的，舊的
	<u>Most</u> of Dad's <u>aged</u> <u>wine</u> is stored in a specific room. 爸爸的陳年酒，大部分都儲藏在一個特定的房間裡。
□□□ **wheat** [hwit]	名 小麥，淡黃色，小麥色
	<u>Some</u> of the <u>bread</u> is made from wheat and some is not. 這些麵包有的是小麥做的，有的不是。
□□□ **misleading** [mɪs'lidɪŋ]	形 使人誤解的，騙人的
	More than <u>half</u> of the <u>evidence</u> was actually misleading. 一半以上的證據，其實都具有誤導性。
□□□ **occupation** [ˌɑkjə'peʃən]	名 職業，佔有
	<u>Most</u> of my <u>friends</u> are thinking of changing their occupations. 我大部分的朋友都想要換工作。

比較的說法

不管是形容詞還是副詞，只要稍稍加以變化，都可以變成比較語氣的修飾法！除了從形容詞、副詞本身上做變化，本單元整理出英文文法裡用來比較不同事物的句型，比較型、最高級等通通不是問題！

1 最高級 (1) -est 和 most 5-1

形容詞和副詞基本的最高級用法，就是在字尾做 -est 的變化。碰到較長的單字，就在原本的形容詞（副詞）前面加上 most。又因為它們代表著獨一無二的、最高級的那個對象，所以前面要加上定冠詞 the 喔！

單字＋文法一起學！

□□□ **mild** [maɪld]	形 溫和的，溫柔的
	Leon is <u>the mildest</u> person I've ever met. 里昂是我遇過最溫和的人了。
□□□ **perfectly** ['pɝfɪktlɪ]	副 完全地，無瑕的
	He sang <u>the most perfectly</u> in the competition. 他在比賽中唱得最完美。
□□□ **naturally** ['nætʃərəlɪ]	副 自然地，天生地
	Kate behaves <u>the most naturally</u> of all those girls. 凱特是那些女孩中，表現最自然的一個。
□□□ **enjoyable** [ɪn'dʒɔɪəbl]	形 快樂的，有樂趣的
	Those were <u>the most enjoyable</u> memories of my life. 那些是我人生中最快樂的回憶。
□□□ **awful** ['ɔful]	形 可怕的，嚇人的，糟糕的
	The robbery was <u>the most awful</u> experience she has had. 那次的搶劫是她遇過最糟糕的經驗了。

2 最高級 (2) 用 Other 來表現最高級意義

 5-2

除了基本的用法外，還有一些其他的說法，運用與其他事物比較的語氣，來達到表示最高級的效果。

單字＋文法一起學！↘

□□□ **ending** [ˈɛndɪŋ]	名 收場，終止
	<u>No other</u> ending could be as extraordinary as this one. 沒有任何結局可以比這個更棒了。
□□□ **alert** [əˈlɝt]	動 警覺，報警 形 警覺的，留心的，靈敏的
	Darren is <u>more</u> alert <u>than all the other</u> team members. 達倫比其他的組員，都要有警戒心。
□□□ **motivation** [ˌmotəˈveʃən]	名 動機，刺激
	Chris has a <u>stronger</u> motivation <u>than any of the other</u> participants. 克里斯比其他的參與者，都要有強烈的動機。
□□□ **copper** [ˈkɑpɚ]	名 銅，銅幣 形 銅製的，銅的
	<u>No other</u> material is as suitable as copper for this product. 沒有任何材料，能比銅更適合這樣的產品了。
□□□ **investor** [ɪnˈvɛstɚ]	名 投資者，出資者，股東
	Warren Buffet is <u>more</u> famous <u>than any other</u> investor in the world. 華倫巴菲特比世界上任何投資者都要來得有名。

3 最高級 (3) 帶有比較意味的詞語

 5-3

除了特殊句型外，有些字彙本身就暗示著優、劣的意思，也可以達到同樣的比較效果。

單字＋文法一起學！↘

□□□ **concentrate** [ˈkɑnsɛnˌtret]	動 集中，聚集
	Billy is <u>the least</u> able to concentrate in class. 比利是班上最沒辦法專心的一位。
□□□ **rank** [ræŋk]	名 等級，地位，階層 動 排列，評級
	As soldiers, his rank is <u>superior</u> to yours. 以士兵來說，他的階級比你高。

□□□ **contribution** [͵kɑntrə'bjuʃən]	名 貢獻，捐助
	Her contribution to our company is <u>unparalleled</u>. 她對我們公司的貢獻，是無人可比的。（最有貢獻的）

□□□ **interesting** ['ɪntərɪstɪŋ]	形 有趣的
	Your project seems <u>not as</u> interesting <u>as</u> David's. 你的企劃似乎沒有大衛的（企劃）來得有趣。

□□□ **inferior** [ɪn'fɪrɪɚ]	形 下等的，差的，下級的
	The racist man believes that other people are <u>inferior</u> to him. 這個擁有種族歧視的男人，認為其他人都低他一等。

4 表示「倍數」的句型

無論是事物的數量或是特性，都可以用倍數的方式來做比較，基本句型是《倍數＋ as ＋ adj./adv. ＋ as》，或是《倍數＋比較級＋ than》。所謂的倍數詞，除了特殊的 twice、half 這些特殊的字外，其他都以《數字＋ times》來表示。如果要用「項目」來做比較，像是 size（大小）、length（長度）、price（價格）等，就要用《倍數＋ the ＋比較項目＋ of》的結構。

單字＋文法一起學！↘

□□□ **container** [kən'tenɚ]	名 容器
	This container is <u>two times larger than</u> the other one. 這個容器比另外一個要大上兩倍。

□□□ **pace** [pes]	名 速度，步調 動 踱步，慢慢走
	His pace is <u>three times faster than</u> everybody else's. 他的步調是其他所有人的三倍快。

□□□ **depth** [dɛpθ]	名 深度，厚度
	This pool is <u>twice the depth of</u> that at George's house. 這個游泳池的深度比喬治家的要深兩倍。

□□□ **protective** [prə'tɛktɪv]	形 保護的，給予保護的
	My father is only <u>half as protective as</u> my mother toward me. 爸爸對我的保護，只有媽媽對我的一半。

□□□ **nutrient** ['njutrɪənt]	名 營養
	This capsule contains <u>ten times as many nutrients as</u> your lunch box. 這一個膠囊含有你的便當十倍多的養份。

5 比較句型的否定 (1)

若是否定型的比較語氣，表示「不如」的意思，則要反過來用 less (adj.) than 的句型取代原本的 more than 或是 (adj.)-er than；若是要表達最高級的相反，也就是最低級的情況，則要把原本的 most 換成 least。

單字＋文法一起學！

□□□ **probable** ['prɑbəbl]	形 可能發生的，有希望的
	That is the least probable thing that could happen. 那是最不可能發生的事情了。
□□□ **fairly** ['fɛrlɪ]	副 公平地，清楚地
	His judgements were made less fairly than mine. 我的判決判得比他公平。
□□□ **logical** ['lɑdʒɪkl]	形 合理的，合乎邏輯的
	Monkeys are generally considered less logical than people. 一般認為猴子沒有人類來得有邏輯性。
□□□ **plot** [plɑt]	名（書、電影）情節；平面圖 動 劃分，繪圖
	This is the least creative movie plot I've ever seen. 這是我所看過最沒有創意的電影劇情。
□□□ **efficient** [ɪ'fɪʃənt]	形 有效率的
	The new procedure turns out to be less efficient than the old one. 新的流程結果卻比舊的還沒效率。

6 比較句型的否定 (2)

用《not + as (so) +形容詞／副詞+ as…》的句型，就可以表示「不如…那麼樣地…」的意思，也就是常用句型《as…as…》（如同…一樣的…）的否定法。

單字＋文法一起學！

□□□ **gracious** ['greʃəs]	形 親切的，高尚的
	Katherine is not as gracious as her kind mother. 凱薩琳沒有她和善的母親那麼親切。
□□□ **honestly** ['ɑnɪstlɪ]	副 真誠地，公正地
	Henry didn't speak as honestly as the other kids. 亨利說話沒有其他孩子誠實。

□□□ **innocent** [ˈɪnəsn̩t]	形 無辜的，天真的
	I think Rachel is <u>not as</u> innocent <u>as</u> she seems to be. 我認為瑞秋似乎沒有像她外表那樣純真。
□□□ **experiment** [ɪkˈspɛrəmənt]	名 實驗，嘗試 動 實驗，嘗試
	The experiment <u>won't be as complicated as</u> you think. 這實驗並不像你們想的那樣複雜。
□□□ **extraordinary** [ɪkˈstrɔrdn̩͵ɛrɪ]	形 非常的，非凡的
	It is actually <u>not so</u> extraordinary <u>as</u> what the media have said. 其實並沒有像媒體說的那樣了不起。

7 延伸句型 (1) The more…the… 🎧 5-7

《The ＋比較級（adj / adv），＋ the ＋比較級》的句型，暗示著前後兩個事件的因果關係喔！表示某個事物「越是…，（另一個事物）就越…」的意思！

單字＋文法一起學！

□□□ **merry** [ˈmɛrɪ]	形 快樂的，愉快的
	Please join us! <u>The more</u>, <u>the merrier</u>. 敬請加入我們！人越多越開心哪！
□□□ **reputation** [͵rɛpjəˈteʃən]	名 名譽，信譽
	<u>The older</u> he gets, <u>the more</u> he cares about his reputation. 他活得越老，就越是在乎自己的名譽。
□□□ **opposition** [͵ɑpəˈzɪʃən]	名 反對，敵對
	<u>The stronger</u> her opposition (is), <u>the more</u> insistent I am. 她的反對越是強烈，我就越是堅持。
□□□ **unlikely** [ʌnˈlaɪklɪ]	副 未必的，不太可能的
	<u>The more</u> you doubt yourself, <u>the more</u> unlikely it is you'll succeed. 越是懷疑自己，越是不可能成功。
□□□ **expectation** [͵ɛkspɛkˈteʃən]	名 期待，指望
	<u>The higher</u> your expectations are, <u>the greater</u> your disappointment may be. 期待越高，失望可能就越大。

8　延伸句型 (2) No more / No less …than…

從比較的語法延伸到別處，《no more/no less ＋形容詞＋ than…》的句型被用來形容某件事物「不比…要更(不)…」的意思。用邏輯推演一下，就不難了解，使用 more 時也就是說某個事物「和…是一樣的不…」，相反地，用 less 則表示某個事物「和…是一樣的…」。

單字＋文法一起學！

□□□ **mature** [mə'tjʊr]	形 成熟的，到期的
	Her mind is <u>no more mature than</u> her behavior. 她的思想和她的行為一樣不成熟。
□□□ **portrait** ['portret]	名 肖像，人像
	The portrait is <u>no less beautiful than</u> the princess herself. 這肖像畫跟公主本人一樣美麗。
□□□ **refusal** [rɪ'fjuzl̩]	名 拒絕，推卻
	Your response is <u>no less cruel than</u> John's refusal to help. 你的反應和約翰的拒絕幫忙一樣殘酷。
□□□ **dependent** [dɪ'pɛndənt]	形 依靠的，依賴的　名 依親
	You, a grown-up, are <u>no less dependent than</u> your little sister. 你一個成年人，和你小妹一樣依賴人。
□□□ **outcome** ['aʊt͵kʌm]	名 結果，後果
	The outcome of this incident is <u>no more wonderful than</u> what I had thought. 這件事的結果和我料想的一樣不好。

9　延伸句型 (3) No more / No less than…

《no more/no less ＋ than…》後面可以接上名詞、動詞、數量詞等不同用法。《no more than…》也就是 only（只不過是）的意思，而《no less(fewer) than…》則等於 as many as（多達）的意思喔！

單字＋文法一起學！

□□□ **exaggerate** [ɪg'zædʒə͵ret]	動 誇張，誇大
	She did <u>no more than</u> exaggerate the truth. 她做的只不過就是在誇大事實罷了。
□□□ **burden** ['bɝdn̩]	名 重擔，負擔　動 加重壓於，加負擔於
	To Ivy, his fawning over her is <u>no more than</u> a burden. 他的過度關心，對艾薇來說只是個負擔。

□□□ **quote** [kwot]	動 引述，引用，舉證　名 引用
	<u>No less than</u> a thousand people have quoted this information. 多達一千人引用過這個資訊。
□□□ **employer** [ɪmˈplɔɪɚ]	名 老闆，雇主
	To some employers, workers are <u>nothing more than</u> facilities. 對某些雇主來說，工人們就只是個設備罷了。
□□□ **contemporary** [kənˈtɛpəˌrɛrɪ]	形 當代的，同時代的　名 當代人，現代人
	<u>No fewer than</u> a million visitors have visited the Museum of Contemporary Art. 多達一百萬人曾經參觀過當代藝術館。

MEMO

不定詞與動名詞

　　所謂的「不定詞」就是「to ＋原形動詞」，而「動名詞」就是「V-ing」的型態。它們長得雖像動詞，但卻不是真正的動詞，所以還有另一個名稱叫「準動詞」。也因為它們不能算是動詞，所以本身並不能顯示出「人稱」、「時態」這兩種重要的特性，而是得靠真正的動詞才行！

1 不定詞的名詞用法 (1)

 6-1

　　不定詞片語為名詞片語的一種，也就是「當名詞使用的片語」。因此，把它當作一個長長的名詞來看待，當然也就可以把它放在不同的位置囉！其中一種就是用來當作主詞或是受詞的補語，對主詞、受詞加以說明。

單字＋文法一起學！

□□□ **analyze** [ˈænḷˌaɪz]	動 分析，解析
	My duty is <u>to analyze</u> the results of the experiment. 我的職責是要分析實驗的結果。
□□□ **refresh** [rɪˈfrɛʃ]	動 清新，清涼，更新
	My plan is <u>to refresh</u> myself with a hot bath after work. 我的計畫是，在下班後洗個熱水澡來提神。
□□□ **blessing** [ˈblɛsɪŋ]	名 祝福，神賜福
	It has been a blessing <u>to know Sandy</u>. 認識桑迪是我們的福氣。
□□□ **attract** [əˈtrækt]	動 吸引，引發
	His reason for doing that was <u>to attract</u> public attention. 他會那樣做，目的是要吸引社會大眾的注意。
□□□ **attempt** [əˈtɛmpt]	名 企圖，嘗試　動 試圖，企圖
	The clerk is making an attempt <u>to arouse customers' interest</u>. 店員正試著引起顧客的興趣。

2 不定詞的名詞用法 (2) 疑問詞＋不定詞 🎧 6-2

Who、how、when、where…等疑問詞，除了可以拿來提問，也可以用來當作不定詞片語前面的修飾詞，分別表示「人」、「方法」、「時間」、「地點」等項目。最後變成的《疑問詞＋ to ＋ V》名詞片語，表示「該…」、「可以…」的意思，例如 what to draw，就是指「該畫什麼東西」這件事情。

單字＋文法一起學！↘

□□□	副 正確地，正是
exactly [ɪgˈzæktlɪ]	I'm not exactly sure about <u>what to say</u>. 我完全不知道該説什麼。
□□□	名 演講，訓詞
lecture [ˈlɛktʃɚ]	It's a lecture about <u>how to develop</u> self-discipline. 這是個關於如何更具自律的演講。
□□□	動 傾倒，倒垃圾 名 垃圾場
dump [dʌmp]	The villagers are arguing about <u>where to dump</u> the trash. 村民們正在爭論著要在哪裡傾倒垃圾。
□□□	名 開會，會議，集會
session [ˈsɛʃən]	We'll talk about <u>who to blame for</u> this incident during the session. 在會議期間，我們會討論這次的事件該歸咎於誰。
□□□	動 聳肩，聳 名 聳肩，披肩
shrug [ʃrʌg]	Not knowing <u>when to start</u> the presentation, he shrugged at my question. 面對我的提問，他聳了聳肩，因為他也不知道要何時開始報告。

3 不定詞的形容詞用法 🎧 6-3

不定詞片語還可以當作形容詞來使用，用一種動態的説明，來形容前面所提到的名詞有什麼「用途」。

單字＋文法一起學！↘

□□□	名 譯者，翻譯，翻譯機
translator [trænsˈletɚ]	I need a professional translator <u>to help me</u>. 我需要一個職業翻譯來幫我忙。
□□□	名 提議，計劃
proposal [prəˈpozl̩]	(Are there) Any proposals for us <u>to think about</u>? 有沒有什麼提議給我們大家參考的啊？

□□□ **repetition** [ˌrɛpɪ'tɪʃən]	名 重複，重説，反複
	Repetition is one way <u>to memorize vocabulary</u>. 反覆背誦是記單字的一種方法。
□□□ **adequate** ['ædəkwɪt]	形 足夠的，勝任的
	I don't have adequate time <u>to produce a good paper</u>. 我沒有足夠的時間去寫一篇好論文。
□□□ **risk** [rɪsk]	名 冒險，危險，危機 動 冒險
	Since he had nothing to lose, he decided <u>to take the risk</u>. 既然沒什麼損失，他便決定冒這個險。

4 不定詞的副詞用法 (1) 動作的目的

不定詞片語當作副詞使用時，常常是放在主要子句的後面，用來表示動作背後的「原因」、「目的」。因為是當副詞使用，所以不定詞也可以放在句子前面喔！只要在它之後加上逗點就可以了。

單字＋文法一起學！

□□□ **combine** [kəm'baɪn]	動 結合，聯合
	Combine water and flour <u>to make dough</u>. 將水跟麵粉和在一起，做生麵糰。
□□□ **identity** [aɪ'dɛntətɪ]	名 同一性，一致，身份
	You must carry an I.D. <u>to prove your identity</u>. 你必須隨身攜帶身份證來證明你的身份。
□□□ **perfection** [pɚ'fɛkʃən]	名 完全，極致
	<u>To assure the essay's perfection</u>, he revised it again. 他重新校過那篇文章，來確定它是完美的。
□□□ **relieve** [rɪ'liv]	動 減輕，解除
	Kelly takes a hot bath in the evenings <u>to relieve stress</u>. 凱莉會在晚上泡個熱水澡以舒緩壓力。
□□□ **extension** [ɪk'stɛnsən]	名 延長，範圍，擴充；延期
	I asked my teacher <u>to give me an extension on my final paper</u>. 我請求老師延長我交期末論文的期限。

5 不定詞的副詞用法 (2) 修飾形容詞

副詞也可以用來修飾形容詞,所以不定詞片語也可以這樣用。以形容詞 good(好)為例,不定詞片語可以說明「哪方面好」、「如何的好法」等細節喔!

單字＋文法一起學!

□□□ **budget** [ˈbʌdʒɪt]	名 預算,經費 動 編列預算
	I find it hard <u>to stick to my budget</u>. 我發現要按照我的預算實在很困難。
□□□ **reluctant** [rɪˈlʌktənt]	形 不情願的,厭惡的
	I was reluctant <u>to believe him at first</u>. 起先我不太願意相信他。
□□□ **illustrate** [ˈɪləstret]	動 舉例說明,舉例
	I've got a story <u>to illustrate my point</u>. 我用個故事來說明我的重點。
□□□ **amuse** [əˈmjuz]	動 娛樂,消遣
	Emily is someone impossible <u>to amuse</u>. 愛蜜麗是個難以取悅的人。
□□□ **colleague** [ˈkɑlig]	名 同事,同行
	My colleagues are easy <u>to get along with</u>. 我的同事都很好相處。

6 不定詞的副詞用法 (3) 條件

為了要達到某個目的時,得做什麼事才行,這種情況就會用不定詞片語來表示「目的」,而由主要子句來說明「先決條件」。這樣的用法和前面所提到的「目的」用法相當接近,而不定詞片語也可以置前或是放在後面。

單字＋文法一起學!

□□□ **certificate** [səˈtɪfəkɪt]	名 證照,執照
	He's taking a course <u>to get a teaching certificate</u>. 他修了一堂課,以取得教師執照。
□□□ **blend** [blɛnd]	動 混和,混雜
	<u>To blend the fruit well</u>, you may slice it first. 要讓水果好混在一起的話,可以先把它們切塊。

□□□ **reservation** [ˌrɛzɚˈveʃən]	名 預約，預定，保留
	To make a quick reservation, please dial this number. 要預先訂位的話，請撥這個號碼。
□□□ **vitamin** [ˈvaɪtəmɪn]	名 維他命，維生素
	To be more energetic, take some vitamins in the morning. 想要更有活力，早上就吃些維他命。
□□□ **balance** [ˈbæləns]	名 平衡，均衡 動 保持平衡，平衡
	To keep a balanced diet, eat the right food at the right time. 要保持均衡的飲食，就要在對的時間吃對的食物。

7　類似不定詞慣用語：《to one's ＋情緒名詞》 🎧 6-7

《to one's ＋情緒名詞》的句型，表示「另某人感到…的，是…事情」，也就是在說明感情的原因，是相當常見的慣用語。注意這裏要使用的是名詞，所以要和一般不定詞修飾形容詞的用法有所區別喔！

單字＋文法一起學！↴

□□□ **grief** [grif]	名 悲痛，不幸
	To her grief, her pet dog died in an accident. 令她悲痛的是，她的寵物狗意外地死了。
□□□ **reaction** [rɪˈækʃən]	名 反應，反作用，反動
	To my surprise, his reaction was quite positive. 令我驚訝的是，他的反應還滿正面的。
□□□ **celebration** [ˌsɛləˈbreʃən]	名 慶祝，慶典
	To our disappointment, the celebration was canceled. 令我們失望的是，慶典被取消了。
□□□ **excitement** [ɪkˈsaɪtmənt]	名 刺激，興奮，令人興奮的事
	To their excitement, the story is reaching its climax. 另他們感到興奮的是，故事正進入高潮。
□□□ **satisfaction** [ˌsætɪsˈfækʃən]	名 滿意，滿足
	To his satisfaction, his son was elected representative. 令他感到滿意的是，他的兒子被選為代表。

8 不定詞當準動詞

有些動詞的後面，必須要接上 to+V 或是 V-ing 才能表達完整的意思。有些動詞是規定要接不定詞的，此時的不定詞就算是「準動詞」，而不是句子裡真正的動詞。這種接不定詞的主要動詞，通常包含的是比較抽象的、不具體的意思，例如 I want（想要）to talk 這個句子裡，真正在做的事情是 want，to talk 則是想要做、當下實際上則沒有在做的事情。

單字＋文法一起學！

□□□ **refuse** [rɪ'fjuz]	動 拒絕
	We refuse <u>to give in</u>! 我們拒絕投降！
□□□ **pretend** [prɪ'tɛnd]	動 假裝，自稱
	She pretended <u>to be</u> a considerate person. 她假裝是個體貼的人。
□□□ **gratitude** ['grætə,tjud]	名 感謝的心情
	I want <u>to express</u> my gratitude by writing a card. 我想要寫張卡片來表達我的謝意。
□□□ **fist** [fɪst]	名 拳頭，手 動 揮拳
	He clenched his fists and threatened <u>to punch</u> me. 他握緊拳頭，威脅著要揍我。
□□□ **knit** [nɪt]	動 編織，接合 名 編織物
	My grandmother loves <u>to knit</u> sweaters and scarves. 我祖母喜歡織毛衣和圍巾。

9 進行式不定詞

當不定詞當其他動詞的準動詞用，而這兩個動詞的發生是同步進行時，就要用「進行式不定詞」，變成《動詞＋ to be ＋ V-ing》的型式。此時「動詞」和「V-ing」兩個動作是同時進行的。

單字＋文法一起學！

□□□ **expand** [ɪk'spænd]	動 使膨脹，擴張
	His company <u>seems to be</u> <u>expanding</u>. 他的公司似乎正在擴張。
□□□ **rainfall** ['ren,fɔl]	名 降雨量，降雨
	The rainfall <u>is reported to be increasing</u> this year. 據報導今年的雨量正在上升。

□□□ **advanced** [əd'vænst]	形 在前面的，先進的，高級的
	Joseph is expected to be moving on to an advanced level. 喬瑟夫被預期要進入高級班。
□□□ **disappointed** [ˌdɪsə'pɔɪntɪd]	形 失望的，沮喪的
	You are supposed to be feeling disappointed. Why aren't you? 你現在應該要很沮喪的，為何你沒有？
□□□ **column** ['kɑləm]	名 圓柱；專欄
	One of my old friends is said to be writing a fashion column. 據說我的老友中有一個在撰寫時尚專欄。

10 完成式不定詞

🎧 6-10

如果不定詞所敘述的動作，發生得比主要子句的動詞更早時，就要用完成式的不定詞，變成《動詞＋ to have ＋過去分詞》。

單字＋文法一起學！↘

□□□ **fortunate** ['fɔrtʃənɪt]	形 幸運的，幸福的
	We're very fortunate to have met you. 我們很幸運能認識你。（「認識」早於「感覺幸運」）
□□□ **conquer** [ˌkɑŋkɚ]	動 攻克，攻取，戰勝
	John seems to have conquered his fear. 約翰似乎已經克服了他的恐懼。
□□□ **luxury** ['lʌkʃərɪ]	名 奢侈，豪華
	The millionaire is said to have lived in luxury. 傳說那位百萬富翁一直過著奢侈的生活。
□□□ **violate** ['vaɪəˌlet]	動 違反，冒犯，褻瀆
	Our ex-president is reported to have violated the law. 報導說我們的前總統已經觸犯了法律。
□□□ **property** ['prɑpɚtɪ]	名 財產，性質，所有權
	Little John is said to have inherited Grandpa's property. 據說小約翰已繼承了他祖父的財產。

11 動名詞 (1) 🎧 6-11

之所以叫做動名詞，就是因為它「引用動作當名詞」的特性，也就是說，動名詞就是當名詞來使用，表示「一件事」，也所以後面的動詞就要做單數形的變化。如果要寫出否定的不定詞，記得把 not 放在 V-ing 的前面喔！

單字＋文法一起學！

□□□ **gamble** [ˈgæmbl̩]	動 賭博，打賭，投機
	Occasional <u>gambling</u> is acceptable to me. 對我來說，偶爾小賭是可以接受的。
□□□ **presence** [ˈprɛzn̩s]	名 出席，到場
	Thank you for <u>gracing</u> us with your presence. 謝謝您的蒞臨，讓我們深感榮幸。
□□□ **tolerant** [ˈtɑlərənt]	形 容忍的，寬恕的
	<u>Not being tolerant</u> is why you're always upset. 你經常不高興的原因，就是你不夠包容他人。
□□□ **violation** [ˌvaɪəˈleʃən]	名 違反，違犯
	<u>Reprinting</u> published books is a violation of the law. 影印已出版的書籍是違法的。
□□□ **prevention** [prɪˈvɛnʃən]	名 預防，防止
	We should take steps toward prevention instead of <u>waiting</u> to see what will happen. 與其靜觀其變，我們應該採取預防措施。

12 動名詞 (2) 與所有格連用 6-12

由於固定是 V-ing 的形式，動名詞本身並沒有「動作者」以及「時態」這兩個特性在裡面。幸好，動名詞可以跟真的名詞一樣，在前面冠上「所有格」，說明這個動名詞片語是「誰做的」事件。這個特性可是不定詞片語所沒有的喔！

單字＋文法一起學！

□□□ **forbid** [fɚˈbɪd]	動 禁止，妨礙
	His wife strongly forbids <u>his drinking</u>. 他老婆嚴禁他喝酒。

□□□ **quarrel** ['kwɔrəl]	名 爭吵，吵鬧 動 吵架，爭論
	I just can't bear <u>their quarreling</u> in public. 我真的沒辦法忍受他們在公共場所吵架的樣子。
□□□ **permit** [pə'mɪt]	動 允許，容許 名 通行證，執照，許可證
	Frank asked his mother to permit <u>his driving</u>. 法蘭克要求他媽媽允許他開車。
□□□ **helmet** ['hɛlmɪt]	名 鋼盔，防護帽，頭盔
	Dad insists on <u>my wearing</u> a helmet for safety. 為了安全起見，爸爸堅持要我戴安全帽。
□□□ **apology** [ə'pɑlədʒɪ]	名 道歉
	I made an apology for <u>my interrupting</u> the meeting. 為干擾會議一事，我道了歉。

13　容易混淆的現在分詞

V-ing 除了是動名詞外，也有可能是動詞的「現在分詞」，帶有動態的意味，而不像動名詞是當作名詞來使用。分詞放在主要子句後面，分詞和主要動詞的兩個動作是同時發生的，這也叫做「分詞構句」。

單字＋文法一起學！

□□□ **hostage** ['hɑstɪdʒ]	名 人質，抵押品
	The poor hostage returned home <u>crying</u>. 可憐的人質哭著回到了家。
□□□ **designer** [dɪ'zaɪnə]	名 設計者，設計師
	The designer went onto the stage <u>smiling</u>. 設計師笑著走到舞台上。
□□□ **roar** [ror]	動 吼，叫喊 名 吼，咆哮
	The lion walked around in the cage <u>roaring</u>. 那頭獅子在籠子裡走來走去，並咆哮著。
□□□ **strip** [strɪp]	名 脫衣舞 動 脫衣，脫衣舞
	He ran and danced toward the sea <u>stripping</u>. 他一邊脫著衣服，一邊又跑又跳地朝海上跑去。
□□□ **curse** [kɜs]	名 詛咒，咒語 動 詛咒，咒罵
	A maniac stood in the middle of the road <u>cursing</u> the government. 有個瘋子站在馬路中間咒罵著政府。

14　動名詞的完成式　6-14

《having ＋過去分詞》是動名詞的完成式結構。此時動名詞片語所敘述的事件，發生在主要子句之前喔！

單字＋文法一起學！

□□□ **elsewhere** [ˈɛls,hwɛr]	副 在別處
	Jessica recalled <u>having seen</u> him elsewhere. 潔西卡回想起之前在別處看過他。（「see」發生在「recall」之前）

□□□ **tease** [tiz]	動 欺負，取笑，嘲弄　名 揶揄者，戲弄
	Mario regrets <u>having teased</u> his sister like that. 馬力歐很後悔以前那樣欺負她妹妹。

□□□ **burglar** [ˈbɝglɚ]	名 夜賊，闖空門
	The burglar admits <u>having broken</u> into my house. 那個小偷承認以前曾闖入我的房子。

□□□ **relationship** [rɪˈleʃənˌʃɪp]	名 關係，關聯
	Emily is in great sorrow after <u>having ended</u> a ten-year relationship. 愛蜜莉因為結束了一段十年的戀情而難過不已。

□□□ **terror** [ˈtɛrɚ]	名 恐怖，可怕的人
	The man admitted (to) <u>having spread</u> the messages of terror on the Internet. 那名男子承認先前在網路散佈過恐怖的訊息。

15　接動名詞的動詞 (1)　6-15

有些動詞是強制規定要接動名詞的，至於為什麼，通常沒有什麼道理可循，所以只好多看多背囉！一旦熟悉了，看到就知道要用什麼啦！

單字＋文法一起學！

□□□ **fiction** [ˈfɪkʃən]	名 小說，虛構故事
	I don't <u>mind reading</u> science fiction. 我不介意看科幻小說。

□□□ **criticize** [ˈkrɪtɪˌsaɪz]	動 批評，批判，評論
	They <u>kept criticizing</u> a girl they don't even know. 他們一直在批評一個他們根本不認識的女孩。

□□□ **sin** [sɪn]	名 罪，過失
	She <u>spent</u> her whole life <u>trying</u> to atone for her sins. 她花了一輩子試著為自己贖罪。
□□□ **observe** [əb'zɝv]	動 觀察，遵守，觀測
	Holly <u>enjoys</u> <u>observing</u> other people wherever she goes. 無論到哪裡，荷莉都很喜歡觀察別人。
□□□ **impose** [ɪm'poz]	動 強加於，加於
	You should <u>avoid</u> <u>imposing</u> your personal beliefs upon others. 你應該避免將個人的信仰，強加於他人之上。

16 接動名詞的動詞 (2)

感官動詞除了接原形動詞外，就只能接動名詞了。感官動詞包含了 see、hear、listen to、watch、feel…等，接上動詞可說明，藉由感官發現了什麼事情。跟原形動詞比起來，接動名詞的感官句型，表示「感受到的那一刻，事件正在發生」。

單字＋文法一起學！

□□□ **souvenir** ['suvə,nɪr]	名 紀念品，紀念物
	I <u>saw</u> him <u>buying</u> souvenirs at that shop. 我看到他在那間店購買紀念品。
□□□ **tremble** ['trɛmbl̩]	動 戰慄，顫抖 名 戰慄，微動
	She can <u>feel</u> the boy <u>trembling</u> in her arms. 她可以感覺到，小男孩在自己的臂彎裡顫抖著。
□□□ **crow** [kro]	動 公雞啼叫
	Did you <u>hear</u> the roosters <u>crowing</u> this morning? 你今天早上聽到公雞叫了嗎？
□□□ **fierce** [fɪrs]	形 兇猛的，猛烈的
	He <u>watched</u> the magician <u>training</u> the fierce beast. 他看著魔術師訓練那隻凶猛的野獸。
□□□ **orchestra** ['ɔrkɪstrə]	名 管弦樂隊，樂隊演奏處
	We <u>listened to</u> the orchestra <u>playing</u> inside the music hall. 我們在音樂廳裡，聽著管弦樂隊演奏。

17 慣用動名詞的句型 (1) 介係詞或介係詞片語 6-17

除了獨立的介係詞，還有很多常用的片語都是以介係詞收尾的，它們後面接的不是名詞就是動名詞。當然，可別忘記 to 也是一個介係詞喔，所以並不是看到 to，後面就要補上原形動詞來變成不定詞喔！

單字＋文法一起學！

□□□ **endure** [ɪnˈdjʊr]	動 忍耐，忍受
	I <u>am sick of enduring</u> their constant quarrels. 我厭倦了忍受他們不斷地爭吵。
□□□ **statement** [ˈstetmənt]	名 陳述，聲明
	The professor <u>went on making</u> his statement. 教授繼續進行他的說明。
□□□ **guilty** [ˈgɪltɪ]	形 有罪的，心虛的
	Don't you feel guilty <u>about killing</u> an innocent girl? 殺了一個無辜的女孩，難道你不會有罪惡感嗎？
□□□ **adviser** [ədˈvaɪzɚ]	名 顧問
	A financial adviser should <u>be good at communicating</u>. 一個財務顧問，應該要擅於溝通。
□□□ **handicapped** [ˈhændɪˌkæpt]	形 身心障礙的
	<u>In spite of being</u> handicapped, Darren remained optimistic. 儘管身體殘障，達倫還是很樂觀。

18 慣用動名詞的句型 (2) 動詞＋介係詞＋動名詞 6-18

許多動詞都是以《動詞＋介係詞＋受詞》的型態出現的，此時的受詞除了名詞之外，也可代換成動名詞喔！這種句型常出現的介係詞包括：from、of、for、about…等。

單字＋文法一起學！

□□□ **approve** [əˈpruv]	動 贊成，同意
	I will not <u>approve of playing</u> cards in class! 我不會贊成在課堂上打牌的！
□□□ **convince** [kənˈvɪns]	動 說服，勸服
	Has he <u>succeeded in convincing</u> her to come? 他有成功地去說服她來嗎？

□□□ **religious** [rɪˈlɪdʒəs]	形 宗教的，宗教性的
	I don't <u>feel like attending</u> any religious ceremonies. 我不想要參與任何宗教儀式。
□□□ **rebel** [rɪˈbɛl]	名 叛徒，反叛者 動 造反，反抗，反叛
	The rebel party <u>is planning on murdering</u> the president. 反叛黨正在策劃謀殺總統。
□□□ **establish** [əˈstæblɪʃ]	動 建立，確立
	Kevin has always <u>dreamed of establishing</u> his own company. 凱文一直夢想著要成立自己的公司。

---

19 慣用動名詞的句型 (3)
動詞＋受詞＋介係詞＋動名詞

🎧 6-19

有些句子是以《動詞＋受詞＋介係詞＋動名詞》的形式出現，其中的動名詞是當作受詞補語來使用，對前面的動詞輔以説明。

單字＋文法一起學！

□□□ **accuse** [əˈkjuz]	動 指責，指控
	He <u>accused me of stealing</u> his money. 他指控我偷了他的錢。
□□□ **offend** [əˈfɛnd]	動 冒犯，得罪，傷害
	Please <u>forgive me for offending</u> your friend. 請原諒我冒犯了你的朋友。
□□□ **fade** [fed]	動 褪色，消失
	There's no way to <u>stop old memories from fading</u> away. 我們沒辦法去阻止記憶的消逝。
□□□ **prevent** [prɪˈvɛnt]	動 預防，防止
	Her parents tried to <u>prevent them from getting</u> married. 她的父母想要阻止他們倆結婚。
□□□ **border** [ˈbɔrdɚ]	名 邊緣，邊界 動 圍住，毗鄰
	They're trying to <u>keep the Mexicans from crossing</u> the border. 他們在試著不要讓墨西哥人越過邊界。

20 慣用動名詞的句型 (4) 接在 to 後面

6-20

看到 to 就會想到不定詞嗎？別忘了，to 本身也是個介係詞喔！也就是說，不見得看到 to，後面就應該是原形動詞喔！有些動詞後面會接介係詞 to，再來連接受詞，此時受詞便可以使用當作「名詞」看待的動名詞。

單字＋文法一起學！

□□□ **cigarette** [ˌsɪɡəˈrɛt]	名 香煙，紙煙
	Tom is addicted to smoking cigarettes. 湯姆抽煙抽上癮了。
□□□ **devote** [dɪˈvot]	動 奉獻，專心於
	She devoted herself to helping the poor. 她致力於幫助窮人。
□□□ **constitution** [ˌkɑnstəˈtjuʃən]	名 憲法，章程，法規
	She is strongly opposed to amending the constitution. 她強烈反對修改憲法。
□□□ **restrict** [rɪˈstrɪkt]	動 限制，限定
	The models are restricted to eating vegetables only. 模特兒們被限制只能吃蔬菜。
□□□ **championship** [ˈtʃæmpɪənˌʃɪp]	名 錦標賽，冠軍地位
	I look forward to competing against you in the championship. 我期待在冠軍賽中，跟你一決勝負。

21 慣用動名詞的句型 (5) Have fun / a good time / trouble⋯＋ Ving

6-21

想要表示做某件事情是很開心的、很艱辛的，就可以用這個句型啦！《Have ＋ fun/a good time/trouble⋯＋ Ving》的句型，可依不同情況而變換 have 後面的單字喔！表示「做⋯的期間是⋯的」意思。

單字＋文法一起學！

□□□ **navy** [ˈnevɪ]	名 海軍，海軍軍力
	The navy had a hard time winning the war. 海軍在經歷了一段艱苦的時期後，打贏了這場仗。

□□□ **recall** [rɪ'kɔl]	動 回憶，回想 名 回想，回憶
	Grandpa <u>has trouble recalling</u> the past. 祖父就是想不起過去的事情。
□□□ **detective** [dɪ'tɛktɪv]	名 偵探
	I <u>had a lot of fun playing</u> a detective in this film. 我在這部電影中扮演一個偵探，得到很多樂趣。
□□□ **chilly** ['tʃɪlɪ]	形 冷颼颼的，冷淡的
	The old man <u>has trouble walking</u> in the chilly wind. 那位老人在寒風中舉步艱難。
□□□ **governor** ['gʌvənə]	名 主管，首長，州長
	Chris <u>had a difficult time becoming</u> the governor of this state. 克里斯經歷了一段艱苦的日子，才成為這州的州長。

22 慣用動名詞的句型 (6) 其他慣用法

除了上述的用法外，在高中文法中還會學到一些慣用語是固定使用動名詞的，要好好記住喔！

單字＋文法一起學！

□□□ **circular** ['sɝkjələ]	形 圓的，圓形的
	Chinese <u>prefer eating</u> at a circular table. 中國人較喜歡在圓桌上吃飯。
□□□ **forecast** ['for,kæst]	名 預想，預測 動 預想，預測
	<u>There is no forecasting</u> tomorrow's weather in a desert. 在沙漠中是不可能預測明天的天氣的。
□□□ **objection** [əb'dʒɛkʃən]	名 反對，不贊成，異議
	<u>There's no point being</u> mad about other people's objections. 因為他人的反對而不高興，實在沒甚麼意義。
□□□ **emperor** ['ɛmpərə]	名 君主，帝王
	<u>On seeing</u> the emperor, the people knelt down on the ground. 一見到皇帝，人們就跪在地上。
□□□ **weep** [wip]	動 哭泣，哀悼 名 哭，哭泣
	She <u>couldn't help weeping</u> <u>upon hearing</u> the tragic story. 聽到那悲傷的故事，她不由自主地哭了。

23 可接動名詞或不定詞的動詞

有些動詞並不限制該接不定詞或是動名詞。不管使用哪一個，句子的意思都沒有太大差異，唯一的特別情況是，如果主要動詞已經是現在分詞（-ing），那麼準動詞便不會再接動名詞了。

單字＋文法一起學！

□□□ **prosperous** [ˈprɑspərəs]	形 成功的，繁榮的 New York <u>continues to be</u> a prosperous city. 紐約仍然是個繁榮的城市。
□□□ **profession** [prəˈfɛʃən]	名 職業，專業 Will <u>is</u> now <u>starting to seek</u> a new profession. 威爾現在正開始找新工作。
□□□ **calculate** [ˈkælkjəˌlet]	動 計算，預計 Jerry <u>began calculating</u> this month's profits. 傑瑞開始計算這個月的利潤。
□□□ **puppet** [ˈpʌpɪt]	名 木偶，傀儡 He <u>loves watching</u> traditional puppet shows. 他非常喜歡看傳統布袋戲。
□□□ **discourage** [dɪsˈkɝɪdʒ]	動 阻止，勸阻 I <u>hate to discourage</u> you, but isn't this too risky? 我實在不想潑你冷水，但這會不會太冒險了？

24 用動名詞或不定詞表示不同意義

還有一種動詞是這樣的：接上不定詞或動名詞會產生兩種不同的意思。此時動名詞傾向表達已發生的事件，而不定詞則是尚未發生的事件。小心觀察下面的例句，就可以了解了！

單字＋文法一起學！

□□□ **treaty** [ˈtritɪ]	名 條約，談判 I can't <u>remember signing</u> that treaty. 我不記得有簽下那份條約。
□□□ **margin** [ˈmɑrdʒɪn]	名 邊緣，頁緣 <u>Remember to leave</u> some margins while you write. 寫作的時候，記得要稿子周圍要留點邊。

□□□ **baggage** [ˈbægɪdʒ]	名 行李
	We <u>stopped to check</u> our baggage. 我們停下來（以便）檢查我們的行李。
□□□ **absorb** [əbˈsɔrb]	動 吸收，汲取
	Billy, a genius, just couldn't <u>stop absorbing</u> new information. 天才比利就是沒辦法停止吸收新資訊。
□□□ **conclusion** [kənˈkluʒən]	名 結論，推論，總結
	Let's <u>go on to discuss</u> the conclusion of this passage. 讓我們接著（下一個）來討論這一章的結論。

25 容易混淆的句型 (1) Be used to + Ving 和 used to + V

這兩個是非常重要的句型！前者表示「習慣於某件事」，後者則表示「以前習慣於某件事，但現在已經不會了」的意思。如果要表示「變得習慣」的意思，可以將 be 動詞換成 become、get 等帶有「轉變」意義的動詞。另外，第一個句型中的動名詞也可以改成名詞。

單字＋文法一起學！↴

□□□ **participate** [parˈtɪsəˌpet]	動 參加，參與，分擔
	He <u>used to participate</u> in the student committee. 他曾經參與學生會過。
□□□ **regulation** [ˌrɛgjəˈleʃən]	名 規章，規則，管理
	Betty still can't <u>get used to the new regulations</u>. 貝蒂還是無法適應新的規定。
□□□ **apparently** [əˈpærəntlɪ]	副 顯然地，表面上
	Apparently, he <u>hasn't gotten used to waking up</u> so early. 顯然地，他還沒有習慣這麼早起床。
□□□ **research** [rɪˈsɝtʃ]	名 研究，調查 動 研究，調查，探究
	American students <u>are used to doing</u> group research. 美國學生很習慣集體做研究。
□□□ **superior** [səˈpɪrɪɚ]	形 上好的，出眾的 名 上司，長輩
	This new computer is superior to the one I <u>used to have</u>. 這台新電腦比我以前的那台高級。

26 容易混淆的句型 (2)
worth、worthy、worthwhile

 6-26

要表示事物或是人的價值時，就會用到這三個形容詞，但可得小心他們的不同用法喔！分別是《worth + N / Ving》、《worthy +不定詞》或是《worthy of + N / Ving》以及《worthwhile + Ving / 不定詞》。

單字＋文法一起學！

□□□ **compliment** [ˈkɑmpləmənt]	名 讚美，恭維 動 讚美，恭維
	The boy's generous deeds <u>is worth</u> <u>complimenting</u>. 男孩慷慨的行為是值得稱讚的。
□□□ **worthwhile** [ˈwɝθˈhwaɪl]	形 值得做的，值得出力的
	The trip to this museum <u>has</u> really <u>been worthwhile</u>. 這間博物館真的值得一遊。
□□□ **worthy** [ˈwɝðɪ]	形 有價值的，值得的，可敬的 名 傑出人物，有價值的人
	The magnificent job you've done <u>is worthy of praise</u>. 你做的大事值得讚揚。
□□□ **Bible** [baɪbl̩]	名 聖經
	The Bible <u>is worth reading</u> regardless of your religion. 無論你的宗教信仰為何，聖經都是值得一讀的。
□□□ **award** [əˈwɔrd]	名 獎，獎品 動 獎勵
	His great achievements <u>are worthy of being</u> <u>awarded the highest honor</u>. 他卓越的成就，是值得被獎勵為最高榮譽的。

27 容易混淆的句型 (3) prefer

 6-27

Prefer 表示「偏好」的意思，搭配動名詞和不定詞，分別是以下兩種句型：《prefer + Ving/ N + to + Ving / N》以及《prefer + to V + rather than + (V)…》。注意！在使用動名詞的句型裡，動名詞是不能省略的，只有在不定詞的句型裡，可以將第二次出現的動作省略。

單字＋文法一起學！

□□□ **ginger** [ˈdʒɪndʒɚ]	名 薑
	Mom <u>prefers</u> fish soup with a lot of ginger. 媽媽喜歡多放薑的魚湯。

☐☐☐ **romance** [roˈmæns]	名 浪漫史，傳奇文學 動 虛構，渲染
	I <u>prefer to read</u> science fiction <u>rather than (read)</u> romance. 和浪漫文學比起來，我比較喜歡讀科幻小說。
☐☐☐ **engage** [ɪnˈgedʒ]	動 使忙碌於，使從事於…；預定
	Terry <u>preferred being engaged</u> in work <u>to going on</u> a vacation. 和去渡假比起來，泰瑞比較喜歡投入工作。
☐☐☐ **dynamic** [daɪˈnæmɪk]	形 動力的，動態的；機動性的
	I <u>prefer to work with</u> someone dynamic <u>rather than</u> someone passive. 我比較喜歡和有幹勁的人工作，而不是消極的人。
☐☐☐ **sweat** [swɛt]	名 汗，汗水 動 出汗，焦慮
	She <u>prefers staying</u> in an air-conditioned room <u>to sweating</u> under the sun. 和待在太陽下揮汗相比，她比較喜歡待在冷氣房裡。

28 動名詞的被動式

🎧 6-28

動名詞的句子也和一般句子一樣，可以寫成被動語態的形式，公式是《being ＋過去分詞》。若是這個被動句子是發生在主要動詞之前的事件，則可以用表示動名詞完成式的公式《having been ＋過去分詞》喔！

單字＋文法一起學！↘

☐☐☐ **competitive** [kəmˈpɛtətɪv]	形 競爭的，競爭性的
	You can't be a competitive player without <u>being trained</u>. 沒有接受訓練，是不可能成為一個有競爭力的選手的。
☐☐☐ **suspend** [səˈspɛnd]	動 吊，懸掛；停職
	Sam became homeless after <u>being suspended</u> from his job. 山姆在被革職之後，變得無家可歸。
☐☐☐ **upset** [ʌpˈsɛt]	形 煩亂的，不高興的 名 翻倒，混亂 動 顛覆，擾亂，推倒
	James is still upset about <u>having been fooled</u> by his friends. 詹姆斯還在為（之前）被朋友愚弄的事而不高興。
☐☐☐ **release** [rɪˈlis]	動 釋放，解放 名 釋放，解放
	The judge regrets <u>having been convinced</u> to release the man. 法官為了（先前）被說服而釋放那名男子，而感到後悔。
☐☐☐ **deceive** [dɪˈsiv]	動 欺哄，欺騙，蒙蔽
	Despite <u>being deceived</u> by her boyfriend, Amanda still can smile. 儘管被男友欺騙，亞曼達還是掛著笑容。

Unit

7

假設語氣

你是不是常常有著「如果 A 發生了，就會發生 B 了」的念頭呢？這些都是假設性的說法，叫做「假設語氣」。當然囉，有些假設可能成真，但也可能是無法扭轉的事實，這時就要用不同的句型來表現囉！

Should/would/could/might 這四個助動詞，（以下簡稱 s/w/c/m）是假設語氣必備的四大工具。不同情況時，可以用不一樣的助動詞來表現不同的語氣喔！

1 有可能的假設

當事情還未定案，所以假設依然有可能成真時，就用現在式＋未來式來表現。標準句型是《If ＋現在簡單式，＋ will…》，也就是「如果…就會…」的意思。當然囉，如果要改變語氣，也可以把 will 換成其他助動詞喔！

單字＋文法一起學！

□□□ **drunk** [drʌŋk]	形 喝醉了的　名 酒鬼，醉漢
	<u>If John gets</u> drunk, <u>he will act</u> like a maniac. 如果約翰喝醉的話，他的行為會像個瘋子一樣。
□□□ **peel** [pil]	名 皮，殼　動 削皮，去殼
	<u>If you boil</u> the tomatoes first, <u>you can peel</u> them more easily. 如果你先把番茄煮滾，皮就會比較容易剝了。
□□□ **float** [flot]	動 漂浮，浮動，散播　名 漂流物
	<u>If you plunge</u> into the Dead Sea, <u>you will end up</u> floating. 如果跳進死海裡，最後你就會浮起來的。
□□□ **instruction** [ɪnˈstrʌkʃən]	名 指示，教育
	<u>If you all follow</u> my instructions, <u>everything will be</u> just fine. 如果你們都遵照我的指示，一切就不會有問題的。
□□□ **enlarge** [ɪnˈlɑrdʒ]	動 擴大，放大，擴展
	<u>If we enlarge</u> this photo, <u>the image may not be</u> as clear as it is now. 如果我們把這照片放大，圖像可能不會像現在這樣清楚。

2　與現在事實相反的假設

如果事情已經定案了，那麼再假設些什麼也都不會改變現在的事實囉！這時候的假設句型是《If +過去簡單式 , + s/w/c/m + V…》，也就是「如果…就…」的意思。注意喔！假設語氣句型中，固定使用 were 這個 be 動詞，所以就不用擔心人稱的問題啦！

單字＋文法一起學！

□□□ **mayor** [ˈmeɚ]	名 市長
	If I were the mayor, I would build more museums. 如果我是市長，我就會蓋更多的博物館。(但我不是)
□□□ **invisible** [ɪnˈvɪzəbl]	形 看不見的，無形的
	If I were invisible, I could go to the movies for free! 如果我是隱形，我就可以免費去看電影啦！(但我不是)
□□□ **consultant** [kənˈsʌltənt]	名 顧問，諮詢者
	If she were a good consultant, I would not be so mad now. 如果她是個好顧問，我現在就不會這麼生氣了。(但她不是)
□□□ **luxurious** [lʌgˈʒʊrɪəs]	形 豪華的，奢侈的
	If he won the lottery, he would be able to live a luxurious life. 如果他中了樂透，他就可以奢侈過日子了。(但他沒有)
□□□ **enthusiastic** [ɪn,θjuzɪˈæstɪk]	形 狂熱的，熱烈的
	If you were enthusiastic about your job, you could learn more. 如果你熱情投入工作，你可能會學到更多。(但你沒有)

3　與過去事實相反的假設

如果是回想再久遠些的事情，表示「如果當時…那時候就會…」的意思，就要用《If +過去完成式 , + s/w/c/m + have p.p.》的句型囉！此時「假設條件」和「假設結果」都是過去的事情了，所以當然也是已經無法推翻的事實啦！

單字＋文法一起學！

□□□ **panic** [ˈpænɪk]	名 恐慌，驚惶　動 使恐慌，驚慌
	If she hadn't been so calm, we might have all panicked. →She was so calm that we did not panic. 如果當時她沒那麼冷靜，我們可能會全都會驚慌失措的。 →她當時很冷靜，因此我們並沒有驚慌失措。

□□□ **graduate** [ˈɡrædʒʊˌet]	名 畢業生，研究生 動 畢業，取得學位
	If Mike hadn't failed that subject, he would have graduated. →Mike failed that subject, so he didn't graduate. 如果麥克那一科沒有不及格的話，他就會畢業了。 →麥克那一科被當了，所以他沒有畢業。
□□□ **mission** [ˈmɪʃən]	名 任務，使命
	If he had tried harder, he might have accomplished the mission. →He didn't try hard, so he didn't accomplish the mission. 如果當時他更努力些，那時就可以完成任務了。 →當時他沒有更努力，所以他沒有完成任務。
□□□ **drown** [draʊn]	動 淹沒，浸沒，沈沒
	If we hadn't forgotten our life jackets, Tim would not have drowned. →We forgot our life jackets, so Tim drowned. 如果我們沒有忘了（帶）救生衣，提姆就不會淹死了。 →我們忘了救生衣，所以提姆淹死了。
□□□ **unaware** [ˌʌnəˈwɛr]	形 不知道的，沒察覺的
	If I hadn't been unaware of his madness, we would not have broken up. →I wasn't aware of his madness, so we broke up. 如果當時我有察覺到他的氣憤，我們就不會分手了。 →當時我沒有察覺他的氣憤，所以後來分手了。

4 虛主詞 it 🎧 7-4

好用的虛主詞 it，也可以套用在假設句型裡面喔！搭配代表「原因」的介係詞 for，虛主詞 it 同樣也可以表達假設的語氣。注意介係詞 for 後面要接名詞才行喔！

單字＋文法一起學！↘

□□□ **divorce** [dəˈvors]	名 離婚，分離 動 離婚，使離婚
	If it were not for her divorce, her child would not be so lonely. 如果不是因為她的離婚，她的小孩就不會這麼寂寞了。
□□□ **proper** [ˈprɑpɚ]	形 適當的，專屬的
	Were it not for your proper manners, we would have all been kicked out. 如果不是你應對得體，我們就會全被趕出去啦。

☐☐☐ **fasten** ['fæsn̩]	動 拴緊，扣緊，抓住
	If <u>it</u> hadn't been <u>for fastening my seatbelt,</u> I could have been killed. 如果當時不是因為我繫好的安全帶，我可能就已經死了。
☐☐☐ **nap** [næp]	名 打盹，小睡，午睡　動 打盹，小睡，午睡
	Were <u>it</u> not <u>for the short nap,</u> I would be extremely tired now. 如果沒有那短暫的午睡，我現在會很疲倦。
☐☐☐ **critic** ['krɪtɪk]	名 批評家，評論家
	If <u>it</u> hadn't been <u>for the critic's praise,</u> the book wouldn't be so famous. 當時如果不是評論家的稱讚，這本書就沒辦法這麼有名了。

5　表示假設的句型　🎧 7-5
But for / without / wish / hope

即使不用假設語氣的標準句型，還是可以用其他的語法來表示相似的意義！其中 wish 傾向表達「可能性小的願望」，而 hope 則是純粹的「希望」，通常是敘述比較可能成真的事情。

單字＋文法一起學！

☐☐☐ **tube** [tjub]	名 隧道，軟管；(英)地鐵
	You couldn't have arrived so soon <u>without</u> the Tube. 沒有地鐵，你當時就不會這麼早到的。
☐☐☐ **sneeze** [sniz]	動 打噴嚏　名 噴嚏
	I <u>wish</u> I hadn't sneezed in her face; she hates me now! 我真希望當時沒有對著她的臉打噴嚏，她現在恨死我了！
☐☐☐ **oxygen** ['aksədʒən]	名 氧，氧氣
	Humans could not survive <u>without</u> oxygen. 人類若沒有氧氣是不能活的。
☐☐☐ **constant** ['kanstənt]	形 固定的，持續的
	<u>But for</u> you constant support, I would have already failed. 如果不是因為你不斷地支持，我早已經失敗了。
☐☐☐ **profit** ['prafɪt]	名 利益，利潤　動 有益，賺錢，獲利
	Jerry <u>hopes</u> that he can profit from the recent gains of the stock market. 傑瑞希望他可以從近期的股票市場中獲利。

Unit 8

連接詞

連接詞（或連接詞片語）不僅可以當作子句、動詞、片語之間的連結以避免動詞重複，還扮演著語氣轉換、連結的角色，所以又被視作「轉承語」（Transitional Words），可以讓文章更加流暢喔！

◇對等連接詞：連接對稱的子句、動詞、片語等。

◇從屬連接詞：連接主要子句和從屬子句。注意從屬子句不能單獨存在。

◇準連接詞：接近副詞，用分號連接兩個對等句子或是直接分割成兩句。

---

1 對等連接詞 (1) and

And 連接前後相關的、接續事物，可以是名詞、形容詞、副詞、子句…等，只要前後都是同種型態就可以囉！此外，它還可以用來表示事情「接著發生」的意思。

單字＋文法一起學！

□□□ **furious** ['fjʊərɪəs]	形 狂怒的，吵鬧的，激烈的
	Martha became <u>furious and impatient</u>. 瑪莎變得又憤怒又不耐煩。
□□□ **bold** [bold]	形 英勇的，無畏的
	We encouraged him to <u>be</u> bold <u>and</u> (to) <u>go</u> for it! 我們鼓勵他勇敢往前衝。
□□□ **bow** [baʊ]	名 船首，船頭
	We <u>stood</u> on the bow <u>and enjoyed</u> the fresh air. 我們站在船頭，並享受著新鮮的空氣。
□□□ **beetle** ['bitl]	名 甲蟲
	Can you believe that they <u>cook and eat</u> beetles? 你相信嗎？他們居然把甲蟲煮來吃！
□□□ **babysit** ['bebɪˌsɪt]	動 當臨時保姆
	How often do you babysit your <u>niece and nephew</u>? 妳多久當一次妳姪子和姪女的保姆？

2 對等連接詞 (2) but

和 and 不同，but 是個帶有轉折語氣的詞，可以當作「但是」、「卻…」來解釋。後面連接的事物，和前面所提的常常會有些相反的意味在。

單字＋文法一起學！⤵

□□□ **justice** [ˈdʒʌstɪs]	名 正義，公平
	Justice is crucial but fragile. 正義雖然很重要，卻也很脆弱。
□□□ **grown-up** [gronˌʌp]	名 成年人
	Why can grown-ups smoke but we teenagers can't? 為什麼成年人可以抽煙，我們青少年就不行？
□□□ **inference** [ˈɪnfərəns]	名 推論，結論
	The things you've said are not facts but personal inferences. 你說的並不是事實，而只是個人推論。
□□□ **promotion** [prəˈmoʃən]	名 籌辦，晉級，增進
	Duke was happy about his promotion but also nervous about it. 杜克對自己的升遷感到很高興，但也因此感到很緊張。
□□□ **scarce** [skɛrs]	形 缺乏的，稀有的，罕見的
	The soldiers are extremely thirsty, but water is scarce on the battlefield. 士兵們非常地渴，但在戰場上，水是很缺乏的。

3 對等連接詞 (3) or

8-3

Or 表示「或者」的意思，連接前後兩種可能的情況。另外它也可以表示「否則」的意思，表示可能的後果。

單字＋文法一起學！⤵

□□□ **poverty** [ˈpɑvɚtɪ]	名 貧窮，貧困
	Which is more fatal, poverty or hatred? 貧窮與憎恨，哪一個比較致命？
□□□ **seize** [siz]	動 抓住，奪取
	Will you seize the chance or just let it slip away? 你是要抓住這機會，還是要讓它溜走？

□□□ **infect** [ɪnˈfɛkt]	動 傳染，感染
	You must keep the wound clean <u>or it'll get</u> infected. 你必須保持傷口清潔，否則會被感染。
□□□ **permanent** [ˈpɝmənənt]	形 固定的，不變的，永久的
	Is this your <u>permanent</u> address or just a temporary one? 這是你的永久住址還是暫時的？
□□□ **consumer** [kənˈsjumɚ]	名 消費者
	A product should meet consumers' needs, <u>or they won't buy it</u>. 產品應該要符合消費者的需求，否則他們不會買的。

4　對等連接詞 (4) so

 8-4

So 也就是「所以…」的意思，後面連接原因、動機、事件等所造成的「結果」、「效用」等情境。

單字＋文法一起學！↘

□□□ **nursing** [ˈnɝsɪŋ]	名 看護，護理
	Helen is studying nursing <u>so she can help others</u>. 海倫為了助人在學習看護。
□□□ **grind** [graɪnd]	動 磨擦，磨光 名 研磨，磨
	I'm grinding coffee beans <u>so I can make some coffee</u>. 我為了煮咖啡在磨咖啡豆。
□□□ **memorial** [məˈmorɪəl]	名 紀念物，請願書 形 紀念的，記憶的
	We built the memorial hall <u>so people can remember him</u>. 我們蓋了紀念堂，好讓人們可以記得他。
□□□ **escalator** [ˈɛskəˌletɚ]	名 電扶梯，手扶梯
	The escalator is broken <u>so we'll have to take the stairs</u>. 電扶梯壞了，所以我們要爬樓梯。
□□□ **isolation** [ˌaɪslˈeʃən]	名 孤立，隔離
	He's not very sociable, <u>so he spends a lot of time in</u> isolation. 他不是那麼愛交際，因此他大部分的時間都是孤單一人。

5 對等連接詞 (5) for

一般人最熟悉的 for 用法，大概就是介係詞了吧！但注意它也可以當作連接詞喔！當連接詞時，它表示「由於」、「因為」的意思，後面接上子句，來說明前面事件的緣由。

單字＋文法一起學！↴

□□□ **talented** [ˈtæləntɪd]	形 天才的，有才幹的
	Sarah succeeded <u>for she's a very talented dancer</u>. 因為莎拉是個極有天賦的舞者，所以她成功了。
□□□ **substitute** [ˈsʌbstəˌtjut]	名 代理，代理人　動 代替，替代，取代
	A substitute came in today <u>for our regular math teacher is sick</u>. 因為數學老師生病了，所以今天來了一個代課 (老師)。
□□□ **loyal** [ˈlɔɪəl]	形 忠誠的，忠貞的
	I doubt his betrayal <u>for he's the most loyal person I know</u>. 我之所以對他的背叛感到懷疑，是因為他是我所認識的人當中最忠誠的。
□□□ **one-sided** [wʌnˈsaɪdɪd]	形 有偏見的，偏頗的
	We won't buy the content of this report <u>for it's obviously one-sided</u>. 我們不會採信這篇報告的，因為它的內容明顯地很偏頗。
□□□ **previous** [ˈpriviəs]	形 早先的，前面的
	Sam doesn't date anymore <u>for his previous girlfriend cheated on him</u>. 山姆不再 (和別人) 約會，因為他的前女友欺騙了他。

6 對等連接詞 (6) not only…but also…

從單字的字義，大概就可以猜到這個連接詞片語的用法了！就是「不止是…還是…」的意思。注意 not only 後面和 but also 後面的兩個部分，還是要符合連接詞對稱的原則喔！只要結構對稱，不管是名詞、動詞還是片語，都可以組合在一起。

單字＋文法一起學！↴

□□□ **cultivate** [ˈkʌltəˌvet]	動 栽培，培養，陶冶
	They <u>not only</u> raised the boy <u>but also</u> cultivated his mind. 他們不只扶養小男孩長大，也陶冶了他的思想。

□□□ **hurricane** [ˈhɝɪ͵ken]	名 颶風，暴風
	Hurricanes are <u>not only</u> dangerous <u>but also</u> unpredictable. 颶風不但危險，也是無法預測的。
□□□ **sympathy** [ˈsɪmpəθɪ]	名 同情，贊同
	The victims need <u>not only</u> sympathy <u>but also</u> real help. 受害者需要的不只是同情，還有實際的援助。
□□□ **imagination** [ɪ͵mædʒəˈneʃən]	名 想像力，創造力
	Good writers require <u>not only</u> imagination <u>but also</u> prowess. 好的作家不只要有想像力，還要有高超的技巧。
□□□ **version** [ˈvɝʒən]	名 版本，翻譯
	This novel has <u>not only</u> an English version <u>but also</u> a Spanish one. 這本小說不只有英文譯本，還有西班牙文版。

7 對等連接詞 (7) both A and B

8-7

Both 表示「兩者皆是」的意思，後面可以用「A + B」的句型或是複數名詞。當然囉，如果是「A + B」的形式，A 和 B 兩者都要對稱喔！

單字＋文法一起學！↴

□□□ **dramatic** [drəˈmætɪk]	形 戲劇性的，生動的
	The play was <u>both dramatic and exciting</u>. 那齣戲劇既生動又刺激。
□□□ **jealousy** [ˈdʒɛləsɪ]	名 妒忌，羨慕，猜忌
	His anger resulted from <u>both jealousy and depression</u>. 他的怒火源自於嫉妒和沮喪。
□□□ **commitment** [kəˈmɪtmənt]	名 承諾，保證
	<u>Both men</u> are willing to give her lifelong commitments. 兩個男人都願意給她一輩子的承諾。
□□□ **philosophy** [fəˈlɑsəfɪ]	名 哲學，人生觀，原理
	<u>Both my parents</u> teach philosophy in Cambridge University. 我的爸媽兩人都在劍橋大學教授哲學。
□□□ **physical** [ˈfɪzɪkl]	形 身體的，物質的
	<u>Both physical and mental intimacies</u> are important in marriage. 對婚姻而言，身體和心靈上的親密都很重要。

8 對等連接詞 (8) Either…or…和 neither…nor…

Either…or…（不是…就是…）和 neither…nor…（兩者皆非）所連接的事物也要維持對稱的原則，可以是詞、片語、句子等事物。

單字＋文法一起學！

□□□ **gifted** ['gɪftɪd]	形 有天賦的，有天才的
	He is <u>either</u> very gifted <u>or</u> very hard-working. 他不是非常有天分，就是非常努力。
□□□ **acceptable** [ək'sɛptəbl]	形 可接受的，可忍受的
	What he has done is <u>neither</u> funny <u>nor</u> acceptable. 他所做的事，既不有趣也難以忍受。
□□□ **schedule** ['skɛdʒʊl]	名 計劃表，行程表 動 安排，列表，預定
	You can <u>either</u> change the schedule <u>or</u> ignore him. 你可以變更行程表，或是根本不要理他。
□□□ **approval** [ə'pruvl]	名 批准，認可
	<u>Neither</u> has he given his approval <u>nor</u> did he stand against it. 他既沒有表示答應，也沒有表示反對。
□□□ **detail** ['ditel]	名 細節，詳情
	<u>Either</u> you will confess every detail of it <u>or</u> go to jail. 你要不就是對我坦白一切詳情，要不就是去坐牢。

9 從屬連接詞 (1) as long as 和 unless

As long as 可表示「只要…」的意思，unless 則表示「除非…」的意思，意思有所不同，但都可以用來表示事情發生的條件。有一點要注意：雖然附屬子句（條件）部分可能是還沒發生的事情，但在寫的時候，卻不能用未來式喔！

單字＋文法一起學！

□□□ **outdoors** ['aʊt‚dors]	副 在戶外，在野外
	I would go anywhere <u>as long as</u> I stay outdoors. 只要我待在戶外，什麼地方我都願意去。
□□□ **spoil** [spɔɪl]	動 損壞，寵壞
	<u>As long as</u> they are disciplined, kids will not be spoiled. 只要有受管教，孩子們就不會被寵壞。

□□□ **investment** [ɪn'vɛstmənt]	名 投資，可獲利的東西
	It's hard to become rich <u>unless you make good</u> investments. 除非你做好投資，否則很難變有錢的。
□□□ **portray** [por'tre]	動 描寫，描繪
	The historians will be killed <u>unless they portray</u> the king as a <u>hero</u>. 除非把國王描寫成英雄，否則歷史學家就會被殺。
□□□ **correspond** [ˌkɔrɪ'spɑnd]	動 符合，一致
	You will feel happier <u>as long as your life</u> corresponds with <u>your beliefs</u>. 只要你的生活與你的信念一致，就會比較快樂。

10　從屬連接詞 (2) after 和 before

After（在…之後）和 before（在…之前）可以當作介係詞來使用，也可以當作連接詞喔！不同的是，介係詞後面只能接名詞或是動名詞，連接詞卻可以接較長的子句。

單字＋文法一起學！

□□□ **firework** ['faɪr,wɝk]	名 煙火
	We shall have dinner <u>after the</u> fireworks. 我們（看完）煙火後，要去吃晚餐。
□□□ **carpenter** ['kɑrpəntɚ]	名 木匠，木工
	Ray had been a professor <u>before he became a</u> carpenter. 雷當木工之前，是個教授。
□□□ **equality** [i'kwɑlətɪ]	名 同等，平等
	They will only stop fighting <u>after they achieve true</u> equality. 唯有在獲得真正的平等後，他們才會停止奮鬥的。
□□□ **lotion** ['loʃən]	名 化妝水，乳液
	I suggest you put some lotion on your skin <u>after you bathe</u>. 我建議你洗完澡後，在皮膚上抹些乳液。
□□□ **commercial** [kə'mɝʃəl]	形 商業的，商務的　名 商業廣告
	Sales of the product increased <u>after the</u> commercial was <u>released</u>. 登廣告之後，這個產品的銷售量就增加了。

11 從屬連接詞 (3) while 和 as

除了表示「當…」的時間用詞之外，while 和 as 兩個連接詞還有各自的其他用法喔！As 可以暗示「因果」的關係，而 while 則是可以用來「對照」兩件不同、卻有些相關的事件，有「雖然」的意味在裡面。

單字＋文法一起學！

□□□ **translation** [træns'leʃən]	名 翻譯，譯文，轉化
	<u>As I can speak French</u>, there was no need for translation. 因為我會說法文，所以當時並沒有翻譯的必要。
□□□ **cast** [kæst]	名 投，擲 動 丟，擲
	He hoped to catch a fish <u>as he cast his lure into the water</u>. 他將誘餌丟到水中，希望能抓到魚.
□□□ **parachute** ['pærəˌʃut]	名 降落傘 動 跳傘，傘降
	We had to parachute many times <u>while I was in the military</u>. 我還是軍人時，常常要跳傘。
□□□ **urban** ['ɝbən]	形 都市的，住在都市的
	<u>As time goes by</u>, urban areas are becoming heavily populated. 隨著時間推移，市區的人口變得非常稠密。
□□□ **glorious** ['glorɪəs]	形 光榮的，榮耀的
	<u>While they achieved a glorious victory</u>, there's still room for improvement. （雖然）他們贏得了榮耀的勝利，還是有進步的空間。

12 從屬連接詞 (4)
though (although) 和 in spite of (despite)

想要表示有點義無反顧的「儘管…，但還是…」的意思時，就可以用這樣的連接詞。注意！though (although) 才是真正的連接詞，所以後面是接上有主詞、動詞的子句；可表示同樣意思的 in spite of (despite)，卻是介係詞片語，所以後面要加上名詞而不是子句。此外，though 也可以放在句末，作口語上的「不過」意思。

單字＋文法一起學！

□□□ **apart** [ə'part]	副 分離地，分開
	<u>Although we are far apart</u>, we are deeply in love. 雖然我們相距甚遠，卻依然深愛著彼此。

□□□ **hard-working** [hɑrd ˈwɝkɪŋ]	形 努力工作的，勤奮的，勤勞的
	James is a lazy person. His brother is hard-working <u>though</u>. 詹姆士是個懶人，不過他的兄弟倒是很勤奮。
□□□ **disapproval** [ˌdɪsəˈpruvl̩]	名 不贊成，不喜歡
	They got married last week <u>despite their parents'</u> <u>disapproval</u>. 儘管家長們反對，他們還是在上禮拜結婚了。
□□□ **luckily** [ˈlʌkɪlɪ]	副 幸福地，僥倖
	<u>Even though he</u> luckily <u>survived</u>, his legs were severely damaged. 儘管他幸運地存活下來，他的雙腿仍受著嚴重的傷害。
□□□ **disappointment** [ˌdɪsəˈpɔɪntmənt]	名 沮喪，失望，掃興
	<u>In spite of my</u> disappointment, I congratulated my opponent on his victory. 雖然我很失望，我還是向我的對手恭賀他的勝利。

13 從屬連接詞 (5) because 和 since

Since 是表示「既然」或是「自從」的意思，because 則表示「因為」的意思。

單字＋文法一起學！

□□□ **commit** [kəˈmɪt]	動 犯罪，交託
	The man was arrested <u>because</u> he committed a crime. 那個男人因為犯罪，而遭到逮捕。
□□□ **payment** [ˈpemənt]	名 付款，支付
	<u>Since</u> you can't afford to make such payments, why did you rent it? 既然你無法負擔這樣的費用，你當時為什麼要租？
□□□ **recognize** [ˈrɛkəgˌnaɪz]	動 認出，識別，認可
	<u>Since</u> you've changed your hairstyle, I almost can't recognize you. 自從你換髮型後，我幾乎認不出你了。
□□□ **technique** [tɛkˈnik]	名 技巧，技法，技術
	We're going to use a different technique <u>since</u> plan A isn't working. 既然 A 計畫行不通，我們打算採用不同的方法。

□□□ **depressed** [dɪˈprɛst]	形 沮喪的，憂鬱的
	She went to the doctor <u>because</u> she's been terribly depressed these days. 因為這陣子她一直都很憂鬱，所以去看了醫生。

從屬連接詞 (6)
as soon as 和 no sooner than

8-14

Soon 這個單字原本就表示「立刻」的意思。《As soon as ＋附屬子句，＋主要子句》可以說明「一…就…」的意思，《no sooner than ＋附屬子句＋倒裝的主要子句》則表示「…發生沒多久就…了」的意思，說明兩件前後發生間距很短的事件。

單字＋文法一起學！

□□□ **foggy** [ˈfɑgɪ]	形 模糊的，濃霧的
	<u>No sooner than we returned home</u> did it turn foggy. 我們一回到家就起霧了。
□□□ **lawn** [lɔn]	名 草地，草坪
	The gardener started to tend to the lawn <u>as soon as he arrived</u>. 園丁一到，就馬上整理草皮。
□□□ **insert** [ɪnˈsɝt]	動 插入，嵌入
	My computer shut down <u>as soon as I inserted</u> this disc. 我一把這光碟放進去，我的電腦就關機了。
□□□ **settle** [ˈsɛtl̩]	動 決定，安放
	Everything will come to an end <u>as soon as we settle</u> this issue. 我們一旦解決了這件事，一切就會結束的。
□□□ **protest** [prəˈtɛst]	名 主張，抗議　動 聲明，主張
	<u>No sooner than he made the announcement</u> did the people begin to protest. 他才一發表聲明，人民就開始抗議了。

15 從屬連接詞 (7) as if (as though) 和 like

As if 和 as though 是兩個可互換的連接詞片語，表示「彷彿」的意思，形容主要子句的事件就「彷彿是」如何如何，並且也可以用 like 來替換。不過呢，有時候也有假設語氣的意味在喔！例如 as if 後面使用過去式動詞時，有時也可能表示是「與現在事實相反的假設」。

單字＋文法一起學！

□□□ **virtue** ['vɝtʃu]	名 德行，貞操，美德
	She's talking <u>as if</u> selfishness <u>were</u> a virtue! 她講得好像自私是種美德似的。(但顯然事實上並不是)
□□□ **cooking** ['kʊkɪŋ]	名 烹飪，烹調 形 烹調用的
	She's acting <u>as if</u> she <u>were</u> very good at cooking. 她表現得好像很擅長烹飪一樣。(但其實並不是)
□□□ **applause** [ə'plɔz]	名 鼓掌，喝采
	It sounds <u>like</u> he's receiving great applause in there. 聽起來他好像在那裡獲得熱烈的掌聲。
□□□ **depression** [dɪ'prɛʃən]	名 沮喪，意志消沈
	He seems <u>as though</u> he is suffering from (major) depression. 他感覺像籠罩在極度的沮喪之下。
□□□ **mob** [mɑb]	名 暴民，暴徒 動 暴動，圍攻
	This place looks <u>as if</u> it's been attacked by a furious mob! 這地方看起來，簡直像是被憤怒的暴民攻擊過一樣！

16 從屬連接詞 (8)
 when 和 every (last/next) time

《When ＋附屬子句》的句型，是用另一事件的敘述來表示主要子句發生的「時機」。而《every/last/next ＋ time ＋附屬子句》也有這樣的功能，只不過多了「每當」、「上一次」、「下一次」等三種不同的條件啦！

單字＋文法一起學！

□□□ **yell** [jɛl]	動 大叫，喊叫 名 叫聲，喊聲
	I will leave right away <u>the next time you yell at me</u>. 下次你再對我吼，我就馬上離開。

☐☐☐ **wander** [ˈwɑndɚ]	動 漫步，迷路，徘徊　名 漫步，迷路，徘徊
	Inspiration poured in <u>when she wandered on the beach</u>. 當她漫步在海邊時，靈感便接二連三地湧現。
☐☐☐ **vivid** [ˈvɪvɪd]	形 生動的，鮮艷的，鮮明的
	I recall those vivid memories <u>every time I look at the photographs</u>. 每次我看著照片，就會想起那些鮮明的記憶。
☐☐☐ **distant** [ˈdɪstənt]	形 疏遠的，遠的
	When is <u>the last time you enjoyed solitude somewhere distant</u>? 你最後一次在遙遠的某處享受孤獨，是什麼時候？
☐☐☐ **cliff** [klɪf]	名 懸崖，峭壁
	<u>When the bus fell off the cliff</u>, he thought he would die for sure. 當公車墜落懸崖的時候，他以為自己死定了。

17　從屬連接詞 (9) that 8-17

That 最常被用在引導名詞子句，可以發揮主詞、受詞、補語等角色的功能，甚至還可以連接一個以上的名詞子句當作複數受詞喔！

單字＋文法一起學！

☐☐☐ **possibility** [ˌpɑsəˈbɪlətɪ]	名 可能性，可能的事
	The possibility <u>that</u> he will survive is almost zero. 他生還的可能性，幾乎等於零。
☐☐☐ **punctual** [ˈpʌŋktʃʊəl]	形 準時的，按時的
	The deal is <u>that</u> everyone should always be punctual. 大家約定好務必要準時。
☐☐☐ **agent** [ˈedʒənt]	名 代理商，代理人
	I suggest <u>that</u> you contact your agent and renew the contract. 我建議你聯絡你的代理商，然後跟他更新合約。
☐☐☐ **comprehension** [ˌkɑmprɪˈhɛnʃən]	名 理解，理解力
	Kelly knows <u>that</u> she has to work on her reading comprehension. 凱莉知道她得加強自己的閱讀理解能力。
☐☐☐ **aggressive** [əˈgrɛsɪv]	形 侵略的，侵犯的
	Ben said <u>that</u> he's an aggressive person and <u>that</u> I should stay away from him. 班說他是個有侵略性的人，還說我應該要跟他保持距離。

18 準連接詞 (1)

therefore / thus / as a result(consequence)…等

Therefore 和 thus 都表示「因此」的意思，as a result(consequence) 則是「結果…」，還可以加料變成《as a result(consequence)of ＋原因》的句型呢！可以用來代換的還有副詞 consequently、hence 等。

單字＋文法一起學！

□□□ **dime** [daɪm]	名 一角
	<u>Consequently</u>, Mom will not give me a dime now. 結果，媽媽現在一毛錢都不願意給我。
□□□ **hidden** ['hɪdn̩]	形 隱藏的，秘密的
	She keeps her feelings hidden. <u>Therefore</u>, no one really knows her. 她把自己的感情隱藏起來，所以沒有人能真正瞭解她。
□□□ **performer** [pɚ'fɔrmɚ]	名 表演者
	<u>As a result of her great talent</u>, she became a professional performer. 因為她過人的天分，使她成了一個專業的表演者。
□□□ **endurance** [ɪn'djʊrəns]	名 忍耐，耐性，耐力
	Jill lacks endurance. <u>Thus</u>, she always quits before things are done. 吉兒缺乏耐力，所以她常常在事情完成前就放棄了。
□□□ **leap** [lip]	動 跳躍，躍過 名 跳躍，急變
	He's got a good coach. <u>Thus</u>, his skills have improved by leaps and bounds. 他有個好教練。因此，他的技巧突飛猛進。

19 準連接詞 (2) however / nevertheless

帶有轉折語氣的 however 和 nevertheless，都表示「然而」的意思，它們所連接的句子，通常都會和前面敘述的事物有相反的意味喔！

單字＋文法一起學！

□□□ **doubtful** ['daʊtfəl]	形 可疑的，疑心的
	She's been honest with him. <u>Nevertheless</u>, he remains doubtful. 她對他一直都很誠實，但他依然疑心病很重。

□□□ **grasp** [græsp]	動 抓住，緊握，領會，理解　名 抓住，抓緊，領會，理解
	I love my teacher; <u>however</u>, it's hard to grasp the meaning of her words. 我很喜歡我的老師，但是她的話實在很難瞭解。
□□□ **climax** ['klaɪmæks]	名 頂點，最高點
	We enjoyed the climax; <u>however</u>, the rest of the story was a disaster. 我們很喜歡故事的高潮部分，但其餘的就糟透了。
□□□ **conductor** [kən'dʌktɚ]	名 領導人，管理人
	The conductor was fabulous. <u>However</u>, the orchestra wasn't so great. 指揮者是很棒啦，但是管弦樂團就沒那麼出色了。
□□□ **fertilizer** ['fɝtl͵aɪzɚ]	名 肥料
	Fertilizers help increase productivity. <u>Nevertheless</u>, they're too expensive. 肥料是有助於增加產量啦，但是太貴了。

20 準連接詞 (3)
moreover / besides / in addition

🎧 8-20

要對前面所敘述的事物加以補充、延續時，就要使用這些連接詞。它們都表示「除此之外，還有…」的意思，而其中 besides 可以補充變成《besides ＋原本有的事物》，再接著說明補充的敘述。In addition 也可以發揮同樣的作用，只不過得先加上介係詞 to 才可以喔！

單字＋文法一起學！↴

□□□ **graceful** ['gresfəl]	形 優美的
	Mary is a graceful woman. <u>In addition</u>, she's also bright. 瑪麗是個優雅的女人，此外她也很聰明。
□□□ **creative** [krɪ'etɪv]	形 創造性的，有創造力的
	The style of this piece is rare. <u>Besides</u>, it's truly creative. 這作品的風格罕見，而且也很有創意。
□□□ **enclosed** [ɪn'klozd]	形 封閉的、密閉的
	The virus was infectious; <u>moreover</u>, it was in an enclosed space there. 那種病毒是會傳染的，更何況那裡還是密閉的空間。

□□□ **display** [dɪˈsple]	動 展出，表現 名 展覽，陳列
	<u>Besides the products on display</u>, the show girls were attractive, too! 除了展示中的產品以外，秀場女郎們也很有吸引力呢！
□□□ **damp** [dæmp]	形 潮濕的，有濕氣的 名 濕氣，潮濕
	<u>In addition to the damp weather</u>, there are also frequent earthquakes. 除了潮濕的氣候以外，還有頻繁的地震。

21 準連接詞 (4) in other words / that is (to say)

這兩個連接詞分別是「換句話說」和「也就是說」的意思，都可以用來強調、解釋前面所敘述的事情喔！擔心對方不瞭解自己話中之意時，用這兩個連接詞是最恰當的了！

單字＋文法一起學！

□□□ **anytime** [ˈɛnɪ,taɪm]	副 隨時，總是
	I'm always there for you. <u>That is</u>, you may call me anytime. 我隨時為你空出時間，也就是說，你隨時都可以打給我。
□□□ **curiosity** [,kjurɪˈɑsətɪ]	名 好奇心，奇品，珍品
	Curiosity killed the cat. <u>In other words</u>, don't be too curious. 好奇心殺死了貓。換句話說，好奇心別太過度了！
□□□ **cunning** [ˈkʌnɪŋ]	形 狡猾的，奸詐的
	He is as cunning as a fox. <u>That is to say</u>, I do not trust him. 他就像狐狸一樣地狡猾，也就是說，我不會相信他的。
□□□ **booklet** [ˈbʊklɪt]	名 小冊子
	You may refer to the booklet on the desk. <u>That is</u>, please don't ask me. 你可以參考桌上的小冊子，也就是說，請不要來問我。
□□□ **artificial** [,ɑrtəˈfɪʃəl]	形 人工的，人為的
	The juice is full of artificial flavoring. <u>In other words</u>, it's not pure. 這果汁加了一堆人工香料。換句話說，它不是純的。

準連接詞 (5) on the contrary 與 in contrast

這兩個片語長得很像吧！小心它們的不同意思喔！On the contrary 表示「相反的」的意思，與前面的敘述帶有相反的意味在。In contrast 則單純地要說明「對照…」的意思，卻不見得是相反的喔！

單字＋文法一起學！

□□□ **remarkable** [rɪˈmɑrkəbḷ]	形 不平常的，顯著的
	In contrast to my work, yours is remarkable. 和我的作品比起來，你的相當出色。
□□□ **leisure** [ˈliʒɚ]	名 空閒，閒暇 形 空閒的，閒暇的
	In contrast to a teacher, an engineer seems to have less leisure time. 跟教師比較起來，工程師的休閒時間，似乎比較少。
□□□ **greenhouse** [ˈgrinˌhaʊs]	名 溫室
	Bob thinks it's cool in the greenhouse. On the contrary, it is pretty hot. 包伯以為在溫室裡很涼爽，但其實相當熱。
□□□ **sunbathe** [ˈsʌnˌbeð]	動 做日光浴
	We use a lot of sunblock; Americans, on the contrary, love sunbathing. 我們使用大量的防曬乳，相反地，美國人卻很喜歡做日光浴。
□□□ **shorts** [ʃɔrts]	名 短褲，短文
	Sean wore long jeans plus a jacket; I, in contrast, wore shorts and a bikini. 西恩穿長牛仔褲配上外套，我卻穿了短褲和比基尼。

Unit 9

關係子句

　　把「句子」當作「形容詞」，就是關係子句的作用，當單一的字詞不足以形容要敘述的事物時，關係子句就派上用場了！但是子句和子句之間還是得有連結的，所以就出現了一個身兼「連接詞」和「代名詞」的角色：關係代名詞。關代所指代的對象，又稱作「先行詞」。

　　除了關係代名詞外，還有關係形容詞、關係副詞等用法，也都具有連接詞的功能。

---

1 關係代名詞 (1) who 與 whom

當句子的先行詞是「人」時，就要用 who 或是 whom 來當作關代囉。嚴格來說，當關代是關係子句中的受詞時，應該要用 whom 而不是 who，但現今已經沒有那麼嚴格了，唯有在關代前面有介係詞時，才一定要使用 whom。

單字＋文法一起學！

□□□	名 機智，機警；機智的人
wit [wɪt]	He is someone <u>who</u> uses his wits. 他是個機智的人。
composer [kəmˈpozɚ]	名 作曲家，作家
	She is the composer <u>whom</u> I told you about. 她就是那位我和你提過的作曲家。
architect [ˈɑrkəˌtɛkt]	名 建築師，設計師
	That is the architect <u>whom</u> he admires the most. 那位就是他最崇拜的建築師。
sob [sɑb]	動 嗚咽，啜泣 名 啜泣，嗚咽
	The woman <u>who</u> had just lost her husband was sobbing. 那位才喪夫的婦人，在啜泣。
productive [prəˈdʌktɪv]	形 生產的，生產性的，多產的
	Ben is the one <u>whom</u> I consider the most productive of all. 班就是我認為所有人之中，生產力最高的一個。

2 關係代名詞 (2) which

當句子的先行詞是「動物」、「事物」等人以外的東西時，要用 which 來當作關代。另外，如果是要對逗點以前敘述的句子加以說明，則一定要用 which 才行。

單字＋文法一起學！

□□□ **leopard** ['lɛpɚd]	名 美洲豹，豹
	The animal <u>which</u> we saw is a leopard. 我們看到的那隻動物是隻豹。
□□□ **impress** [ɪm'prɛs]	動 令人有印象
	The part <u>which</u> impressed me the most was the speech. 最令我印象深刻的那部分是演講。
□□□ **laundry** ['lɑndrɪ]	名 洗衣店，洗衣
	Leo forgot to do his laundry, <u>which</u> got him in big trouble. 李歐忘了洗自己的髒衣物，這可讓他麻煩大了。
□□□ **theory** ['θiərɪ]	名 理論，學說
	The theory <u>which</u> Copernicus came up with was rejected during his lifetime. 哥白尼所提出的理論，在他有生之年是被否定的。
□□□ **severe** [sə'vɪr]	形 嚴厲的，嚴格的
	A severe earthquake occurred in China, <u>which</u> is heart-breaking. 中國發生了一場嚴重的地震，（而這件事）真令人痛心。

3 關係代名詞 (3) that

That 跟 which 的用法非常接近，都可以用來表示人以外的其他事物。但是 that 有兩樣重要的規定：一是不能放在逗點之後，二是如果先行詞有 only、every-、形容詞 -est 等表示「唯一」、「最高級」的用詞，則必須使用 that 而不是 which。

單字＋文法一起學！

□□□ **grieve** [griv]	動 使悲傷，悲傷，哀悼
	What is it <u>that</u> you've been grieving for? 你一直在難過的，究竟是什麼事啊？

□□□ **political** [pə'lɪtɪkl]	形 政治的，政策的，政黨的
	Political benefit is the only thing <u>that</u> he cares about. 政治利益是他唯一在乎的東西。
□□□ **recite** [ri'saɪt]	動 背誦，敘述，朗誦
	I'm touched by the poem <u>that</u> you recited in class. 我對你在課堂上朗誦的那首詩，覺得很感動。
□□□ **vowel** ['vauəl]	名 母音
	Every word <u>that</u> you write should have at least one vowel. 你所寫的每一個字都至少要有一個母音。
□□□ **sauce** [sɔs]	名 調味料，醬油
	The best sauce <u>that</u> I've ever tasted was made by Grandma. 我所嚐過最棒的醬汁是祖母做的。

4 關係副詞 where、when、why 9-4

關係副詞是用來說明動作是在哪裡、何時、為何發生的。也就是說，關係副詞與先行詞的搭配應該是：「地點」→ where，「時間」→ when，「原因」→ why。

單字＋文法一起學！

□□□ **suicide** ['suə,saɪd]	名 自殺性行為，自毀
	This is the place <u>where</u> he committed suicide. 這就是他自殺的現場。
□□□ **site** [saɪt]	名 位置，場所
	This is the site <u>where</u> we found the fossils. 這是我們發現化石的地點。
□□□ **everyday** ['ɛvrɪ'de]	形 每天的，日常的
	That is the reason <u>why</u> she made reading an everyday habit. 那就是為什麼她把閱讀當作每天的習慣的原因。
□□□ **recommend** [,rɛkə'mɛnd]	動 推薦，介紹
	His expertise and diligence are reasons <u>why</u> I recommended him. 他的專業和勤奮，就是我之所以推薦他的原因。
□□□ **stepmother** ['stɛp,mʌðə˞]	名 繼母，後母
	I can never forget the day <u>when</u> Dad introduced me to my stepmother. 我永遠忘不了，爸爸向我介紹繼母的那一天。

5 關係形容詞 whose

當先行詞是人，但是關係子句的敘述卻是針對先行詞的「所有物」加以描述時，就要用 whose 而不是 who 了。

單字＋文法一起學！

☐☐☐ **flexible** [ˈflɛksəbl]	形 靈活的，柔軟的
	There's a student <u>whose</u> muscles are flexible. 有位學生的筋骨很柔軟。
☐☐☐ **recovery** [rɪˈkʌvərɪ]	名 重獲，恢復
	He named a patient <u>whose</u> recovery was surprisingly fast. 他提到了一位復原速度驚人的病患。
☐☐☐ **comfort** [ˈkʌmfɚt]	名 安逸，舒適 動 安慰，慰問
	It's my job to comfort people <u>whose</u> marriages have problems. 我的工作就是要慰問婚姻有問題的人。
☐☐☐ **twin** [twɪn]	名 雙胞胎之一 形 雙胞胎的，相似的，一對的
	The novel was about a girl <u>whose</u> twin sister did not survive birth. 這本小說描述一個女孩，這女孩的雙胞胎姐妹在出生時就死了。
☐☐☐ **defensive** [dɪˈfɛnsɪv]	形 防禦的，保護的
	I find it hard to make friends with someone <u>whose</u> character is so defensive. 我發現要和一個防衛性如此強的人交朋友，是件困難的事。

6 非限定用法

當先行詞是獨一無二的對象時，關係子句其實並不能幫我們辨識出先行詞為誰，而只是一條補充的資訊。這時就要使用所謂的非限定用法（補述用法）了，也就是要用「兩個逗點」來把關係子句和主要子句隔開。非限定用法有幾個要注意的規定：一、關係詞不能省略，二、不能使用 that。

單字＋文法一起學！

☐☐☐ **locate** [loˈket]	動 找出，位於
	Taiwan, <u>which is located in East Asia,</u> is my homeland. 位在東亞的台灣，是我的祖國。

□□□ **singing** [ˈsɪŋɪŋ]	名 歌唱，歌聲
	Hugh Jackman, <u>who is known as an actor,</u> is good at singing, too. 以演員身份著名的休傑克曼，也很會唱歌呢。
□□□ **financial** [faɪˈnænʃəl]	形 財政的，金融的
	I'm going to New York, <u>which is the financial center of the U.S.A.</u> 我要去美國的金融中心—紐約。
□□□ **pressure** [ˈprɛʃɚ]	名 壓力，按，榨
	Samantha,<u>whose father is a politician,</u>lives under heavy pressure. 父親是政治人物的莎曼莎，生活在極大壓力之下。
□□□ **tough** [tʌf]	形 強硬的，堅強的 名 粗暴的人，暴徒
	Arnold Schwarzenegger, <u>who was a tough movie-hero,</u> is now a governor. 曾經是螢幕硬漢的阿諾史瓦辛格，現在是個州長。

7 關係詞的省略

當關係詞是關係子句中的「受詞」時，是可以將關係詞省略掉的；但有
些東西不能省略：關係詞 whose 和《介係詞＋關係詞》的組合，以及前
面提到的非限定用法中的關係詞。

單字＋文法一起學！

□□□ **grave** [grev]	名 墳墓
	I found the grave <u>in which</u> they buried Kate. 我找到了當時他們埋葬凱特的墳墓。
□□□ **lousy** [ˈlaʊzɪ]	形 污穢的，噁心的
	The lousy excuse <u>(that)</u> he gave me was quite stupid. 他給我的那個糟糕透頂的藉口，實在是滿愚蠢的。
□□□ **dissolve** [dɪˈzɑlv]	動 分解，融化
	What was the powder <u>(which)</u> had dissolved in the water? 那個在水中溶解的粉末，是甚麼啊？
□□□ **scholar** [ˈskɑlɚ]	名 學者，有學問的人
	Roger, <u>who seems to be a dull person,</u> is actually a scholar. 看起來像個呆瓜的羅傑，其實是個學者。
□□□ **passion** [ˈpæʃən]	名 熱情，激情
	The girl <u>(whom)</u> I interviewed yesterday was filled with passion. 昨天我訪談的那個女孩，真是熱情洋溢。

8 | 關係詞代換 (1) 分詞

我們說關係子句是「當作形容詞用的句子」，而分詞也可以當作形容詞來使用，所以有時候兩者是可以互換的，而原始意義也不會因此改變。

單字＋文法一起學！ㄑ

□□□ **brand** [brænd]	名 商標，品牌
	I love a certain brand of chocolates (which is) <u>called</u> "See's". 我很喜歡一個特定的巧克力品牌，叫做「喜事」。
□□□ **tutor** ['tjutɚ]	名 家庭教師，助教，指導老師　動 指導，當家庭老師
	I have a math tutor (who was) <u>introduced</u> to me by my uncle. 我有一個舅舅介紹的數學家教老師。
□□□ **delicious** [dɪ'lɪʃəs]	形 美味的
	The dinner (that was) <u>prepared</u> was delicious. 準備好的餐點相當美味。
□□□ **sound** [saʊnd]	形 健康的，狀況良好的，健全的
	Everyone (that was) <u>trapped</u> in that building is safe and sound. 困在那棟建築物裡的人，都很安全而且狀況良好。
□□□ **fax** [fæks]	名 傳真機　動 傳真
	Have you seen the list of products (which was) <u>faxed</u> this morning? 你看到了今早傳真過來的產品清單了嗎？

9 | 關係詞代換 (2) 介係詞＋關係詞

運用介係詞的不同用法，可以和關係詞一起搭配，藉此發揮和其他某些關係詞一樣的功能。但要小心介係詞的使用喔！看看先行詞平常都會搭配什麼介係詞，關係子句就要用什麼介係詞！

單字＋文法一起學！ㄑ

□□□ **hijack** ['haɪ,dʒæk]	動 搶劫，劫持
	The day on which we were hijacked was a rainy day. → We were hijacked on a rainy day. 我們遭到搶劫的那天，是個下雨天。

□□□ **cooperative** [koˈɑpəˌretɪv]	形 合作的，樂意合作的
	The company <u>with which</u> we worked was very cooperative. → We worked <u>with</u> a very cooperative company 我們之前合作的那家公司，非常好配合。
□□□ **elegant** [ˈɛləgənt]	形 文雅的，端莊的
	The lady <u>to whom</u> I was speaking was elegant and kind. → I was speaking <u>to</u> a lady who was elegant and kind. 之前我交談的那位女士，人不僅好也很優雅。
□□□ **appetite** [ˈæpəˌtaɪt]	名 食慾，慾望
	The reason <u>for which</u> he left was that he had lost his appetite. → He left <u>for</u> the reason that he had lost his appetite. 他之所以離開的理由，是他已經失去了食慾。
□□□ **digestion** [dəˈdʒɛstʃən]	名 消化，領悟，吸收
	Digestion is the process <u>by which</u> your body breaks down food. → Your body breaks down food <u>by</u> the process of digestion. 消化是身體分解食物的過程。

10 複合關係詞 (1) 關係代名詞兼形容詞

與 -ever 合併後的 whichever 和 whatever，就等於是 no matter which (what)，也就是「無論什麼」和「無論哪個」的意思。當作形容詞的時候，後面要加上名詞，說明是「無論什麼東西」或是「無論哪個東西」。

單字＋文法一起學！

□□□ **included** [ɪnˈkludɪd]	形 包括的
	<u>Whatever</u> is included in the box is yours. 不管這箱子裡裝有什麼東西，都是你的。
□□□ **grateful** [ˈgretfəl]	形 感謝的，感激的
	<u>Whatever gifts</u> you have for me, I would be grateful. 不管你有什麼禮物要給我，我都會很感激的。
□□□ **arouse** [əˈraʊz]	動 喚起，激發
	<u>Whatever</u> has been aroused in you, please don't show it now. 不管你心裡被激起了什麼感覺，現在請不要把它表現出來。
□□□ **forever** [fəˈɛvə]	副 永遠
	<u>Whichever man</u> you marry, be sure that he'll love you forever. 不管妳要嫁給哪個男人，要確定他會愛妳一輩子啊。

□□□ **companion** [kəmˈpænjən]	名 同伴，朋友
	Whichever path I choose, my dog will always be my companion. 不管我選擇哪一條路，我的狗一直都會是我的同伴。

11 複合關係詞 (2) 關係代名詞

等於 No matter who/whom 的 whoever 和 whomever，表示「無論是誰」的意思，與原始關係詞的用法類似，都是用來形容「人」的狀況。

單字＋文法一起學！

□□□ **pity** [ˈpɪtɪ]	名 同情，憐憫 動 憐憫，同情
	Ana takes pity on whoever begs her for help. 安娜會同情任何懇求她幫助的人。
□□□ **inherit** [ɪnˈhɛrɪt]	動 繼承，接受遺產
	Whoever inherits my wealth should use it wisely. 不管是誰繼承我的財富，都要善加利用它。
□□□ **inhabitant** [ɪnˈhæbətənt]	名 居民，住民
	These inhabitants will attack whoever harms their homeland. 這些居民們會攻擊任何傷害他們家園的人。
□□□ **affection** [əˈfɛkʃən]	名 情感
	Whoever wrote this letter must have great affection for you. 無論是誰寫了這封信，他一定對你有很深的情感。
□□□ **guarantee** [ˌgærənˈti]	動 擔保，保證 名 擔保，保證書
	You're now responsible for whomever you've guaranteed. 你現在得為你保證過的所有人負責。

12 複合關係詞 (3) 關係副詞

說明「無論何處」的 wherever、「無論何時」的 whenever 以及「無論如何」的 however，都是複合關係副詞。

單字＋文法一起學！

□□□ **camping** [ˈkæmpɪŋ]	名 露營，紮營
	It rains whenever my family goes camping! 每次我們家去露營都會下雨！

□□□ **frightened** [ˈfraɪtn̩d]	形 受驚的，受恐嚇的
	However frightened she is, she always remains calm. 不管她有多害怕，她總是保持冷靜。
□□□ **adapt** [əˈdæpt]	動 使適應，使適合
	Justin quickly adapts to the customs of wherever he travels. 無論去什麼地方，賈斯丁都能很快適應當地的風土民情。
□□□ **campaign** [kæmˈpen]	名 競選活動，戰役 動 出征，參選
	Wherever there's a campaign, there is noise and garbage. 不管在哪裡，只要有選舉活動，就會有噪音和垃圾。
□□□ **council** [ˈkaʊnsl̩]	名 會議，協會
	However hard I tried, I couldn't convince the student council. 無論我多麼努力地嘗試，都沒辦法說服學生會。

13 類關係詞 as / but / than 9-13

除了關係詞和關係子句之外，還有一些句型可以發揮和關係子句一樣的
作用喔！這些詞因為很像關係詞，但又不是關係詞，所以又另有一個名
稱叫做「類(準)關係詞」。

單字＋文法一起學！

□□□ **patriotic** [ˌpetrɪˈatɪk]	形 愛國的，有愛國心的
	There are no soldier in this country but patriotic ones. → There are no soldiers in this country who aren't patriotic. 在這個國家沒有不愛國的軍人。
□□□ **occasion** [əˈkeʒən]	名 場合，時機
	As you all know, this is a very special occasion. → You all know the fact that this is a very special occasion. 如你們所知，這是個非常特別的場合。
□□□ **considerate** [kənˈsɪdərɪt]	形 體貼的，考慮周到的
	Richard is being more considerate than I thought. → Richard is being more considerate than how I had thought. 理查比我想的要來得更體貼。
□□□ **applaud** [əˈplɔd]	動 鼓掌，喝采
	There was no one in the theater but applauded for the wonderful play. → There was no one in the theater who didn't applaud for the wonderful play. 劇院裡沒有人不為這齣美好的戲劇鼓掌。

□□□ **afford** [əˈford]	動 負擔，供應，提供
	This apartment costs a lot more <u>than I could afford</u>. → This apartment costs a lot more <u>than the price I could afford</u>. 這棟公寓比我可以負擔的價格要貴多了。

14 不定代名詞與關係代名詞

記得不定代名詞的用法嗎？我們用它來表示「…其中的某部分」。而因為關係代名詞有代名詞的效果，如果將兩者一起連用，就可以用來表示「前面提到的複數名詞中，某些部分是…」的意思，句型是《主要子句，＋不定代名詞＋ of ＋關代…》。

單字＋文法一起學！↴

□□□ **attitude** [ˈætətjud]	名 態度，立場
	There are 30 students, <u>few of whom</u> have bad attitudes. 有三十個學生，其中有少數態度是差的。
□□□ **acquaintance** [əˈkwentəns]	名 相識，了解
	I have many acquaintances, <u>none of whom</u> is a true friend. 我認識很多人，其中沒有一個是真正的朋友。
□□□ **tolerate** [ˈtɑləˌret]	動 忍受，容忍
	Ben has two brothers, <u>neither of whom</u> could tolerate his selfishness. 班有兩個兄弟，兩個都沒辦法忍受他的自私。
□□□ **consist** [kənˈsɪst]	動 組成，構成
	This plan consists of four parts, <u>one of which</u> is my responsibility. 這項計畫由四個部分所組成，其中一部分是我負責的。
□□□ **donate** [ˈdonet]	動 捐獻，捐贈
	He donated 5 million dollars, <u>most of which</u> went to charity groups. 他捐了五百萬元，其中大部分都給了慈善團體。

分詞又有「現在分詞」、「過去分詞」之分，一般熟悉的用法，都是和進行式以及簡單式一起使用。但它們其實也可以獨立出來作其他用途！

1　現在分詞 (1) 形容詞的功能

現在分詞可用來當作有「主動意味」的形容詞，藉由事物在當下正在進行的動作，來對它做補充說明，將動作發揮形容詞的功能。

單字＋文法一起學！

□□□ **harm** [harm]	名 傷害，害處　動 傷害，損害
	The <u>dying</u> victim was harmed in his lungs. 這瀕死的受害者，被傷到了肺部。
□□□ **patience** [ˈpeʃəns]	名 耐性，忍耐
	She listened to her <u>whining</u> child with patience. 她耐心地聽著她的孩子抱怨。
□□□ **absolute** [ˈæbsəˌlut]	形 完全的，絕對的　名 絕對事物
	The <u>shocking</u> news was an absolute nightmare. 這令人震驚的消息真是個惡夢。
□□□ **rage** [redʒ]	名 狂怒，盛怒，狂熱　動 發怒，怒斥，流行
	That <u>crying</u> girl seems to be expressing her rage. 那個哭泣著的女孩似乎是在表達她的怒氣。
□□□ **foresee** [forˈsi]	動 預見，預知
	I can foresee a lot of problems <u>resulting</u> from this. 我能預知這件事會引起許多問題。

2 現在分詞 (2) 分詞構句

當前後兩個動作的主角都是同一對象時,可以將其中一個省略,並將該子句的動詞變化成現在分詞。這樣的分詞構句除了表示「兩個動作同步進行」之外,也可以用來表示「原因」,而包含主詞的主要子句,就是「結果」了。

單字+文法一起學!↘

□□□ **construction** [kənˈstrʌkʃən]	名 建築物,工程
	<u>Being under construction</u>, this restaurant is temporarily closed now. (因為)正在施工中,這家餐廳目前暫時關閉。
□□□ **symptom** [ˈsɪmptəm]	名 症狀,徵候
	<u>Having several symptoms of a cold</u>, I took some pills. (因為)有一些感冒的症狀,我服用了一些藥丸。
□□□ **hallway** [ˈhɔlˌwe]	名 走廊
	<u>Walking through the hallway</u>, I came across an old friend. 穿過走廊時我遇見了一位老朋友。
□□□ **scoop** [skup]	動 舀取,挖空 名 勺子,匙
	Nelly scooped out some ice cream to eat, <u>cooling her down</u>. 妮莉挖了一些冰淇淋來吃,好讓自己清涼一下。
□□□ **prominent** [ˈprɑmənənt]	形 卓越的,突出的,顯著的
	<u>Learning through experience</u>, he's now a prominent leader. 從經驗中學習,他現在是個傑出的領導人了。

3 過去分詞 (1) 表示「被動」的形容詞功能

過去分詞是動詞的另一種變化,被使用在被動語態的句子中。因此,它本身就帶有被動的意味在喔!變成表示「被⋯的」的意思的形容詞。

單字+文法一起學!↘

□□□ **stab** [stæb]	動 刺,戳,刺傷 名 刺傷,傷心
	The man <u>stabbed</u> by a burglar was taken to the hospital. 那位被一個搶匪刺傷的男子,已經被送到醫院去了。
□□□ **due** [dju]	形 應得的,正當的,應付的;到期的
	The homework <u>assigned</u> to you is due next week. 指派給你的作業,完成期限在下周。

□□□ **nuclear** [ˈnjuklɪɚ]	形 核能的，核子的
	Her report is about the nuclear power plant <u>built</u> here. 她的報告寫的是關於興建在這裡的核能電廠。
□□□ **pilot** [ˈpaɪlət]	名 飛行員，領航員 動 領航，駕駛
	The pilot tried to comfort the <u>scared</u> passengers. 機長試著安撫被嚇壞的乘客。
□□□ **supposed** [səˈpozd]	形 假定的，想像的
	The ticket <u>given</u> to you was supposed to be a birthday gift. 給你的那張票，原本應該是生日禮物的。

4 過去分詞 (2) 表示「完成」的形容詞功能

過去分詞也常被應用在完成式的句型當中。只有過去分詞，其實也可以暗示動作「完成」的意思，進而變成一種形容詞喔！也就是「已經…的」意思。

單字＋文法一起學！

□□□ **dread** [drɛd]	名 恐懼，可怕的人事物 動 擔心，懼怕
	A <u>burnt</u> child dreads fire. 被燒過的孩子會怕火。(喻「一朝被蛇咬，十年怕草繩」)
□□□ **assure** [əˈʃʊr]	動 保證，確信
	I assure you I will find the <u>sunken</u> ship. 我向你保證，我會找到那艘沉船的。
□□□ **freeze** [friz]	動 冷凍，凍結
	It is extremely dangerous to walk on a <u>frozen</u> lake. 在結冰的湖上行走是極度危險的。
□□□ **file** [faɪl]	名 文件夾，公文，檔案 動 歸檔，提出
	The lost files are said to contain <u>classified</u> information. 傳說那遺失的檔案中有機密資訊。
□□□ **scatter** [ˈskætɚ]	動 使消散，分散 名 消散，分散
	The man is looking for <u>scattered</u> pieces of his map. 那男人在尋找他四散的地圖碎片。

5 過去分詞 (3) 分詞構句

10-5

由過去分詞所組成的分詞構句，同樣也有「原因」、「同時間的事件」、「前提」等意味在。和現在分詞不同的是，過去分詞的分詞構句是持「被動」的語氣。

單字＋文法一起學！

□□□ **capture** [ˈkæptʃɚ]	動 捕獲，佔領　名 俘獲，捕獲
	<u>Captured after a year in exile</u>, the man admitted his crime. 在一年的流浪之後被捕，男子承認了他的罪行。
□□□ **defeat** [dɪˈfit]	名 失敗，挫折　動 戰勝，擊敗；使失敗
	<u>Defeated</u> by the Celtics, the Lakers seem very depressed. 被塞爾蒂克隊擊敗，湖人隊似乎很沮喪。
□□□ **bury** [ˈbɛrɪ]	動 埋葬，安葬
	<u>Buried in haste</u>, the soldiers' bodies were piled up like rocks. （因為）在倉促之中被埋葬，士兵們的屍體像石頭一樣被疊成一堆。
□□□ **option** [ˈɑpʃən]	名 選擇權，選項
	<u>Given the other option</u>, he decided to abandon the original plan. （由於）被提供了另一個選擇，他決定要放棄原本的計畫。
□□□ **reform** [ˌrɪˈfɔrm]	名 改革，改良　動 改革，改良
	<u>Not (being) reformed yet</u>, the educational system remains questionable. 尚未經過改革的教育體系，還是令人質疑。

6 分詞的完成式 (1) 主動

10-6

分詞也是有完成式的句型喔！公式是《having ＋過去分詞》，前面通常是必須接動名詞的動詞。它所暗示的意思是說，這件事情的發生比整個主要句子的動作要來得更早喔！

單字＋文法一起學！

□□□ **suggestion** [səˈdʒɛstʃən]	名 建議，提議
	<u>Having listened to my suggestions</u>, Jerry changed his attitude a lot. 聽了我的建議，傑瑞的態度改變了不少。

□□□ **register** [ˈrɛdʒɪstɚ]	動 登記，申報，註冊　名 登記，註冊
	<u>Having registered on this website</u>, you may download free music and videos. 你先前已經在這網頁上註冊了，所以可以下載免費的音樂和影片。

□□□ **politician** [ˌpɑləˈtɪʃən]	名 政客，政治人物，政治家
	<u>Having taken bribes</u>, that politician is now on trial. 由於先前收賄，那名政客現在正在接受審理。

□□□ **series** [ˈsiriz]	名 連續，系列
	<u>Having finished the TV series</u>, my daughter is starting on a new one. 看完了這齣電視連續劇，我女兒要開始看新的一齣了。

□□□ **content** [kənˈtɛnt]	名 內容，要旨
	<u>Having read your report</u>, I say that its content is excellent. 我已經看完你的報告了，我認為內容很棒。

7　分詞的完成式 (2) 被動　 10-7

同樣要表示分詞動作的發生，比整個主要句子的動作要來得更早，句型《having ＋ been ＋過去分詞》卻是帶有被動意味的分詞完成式呢！也就是説，分詞的動作，是以句子的主詞作為受詞喔！

單字＋文法一起學！↘

□□□ **escape** [əˈskep]	動 逃脱，避開
	<u>Having been warned in advance</u>, he escaped quickly. （因為）事先被警告過，他很快地便逃走了。

□□□ **sentence** [ˈsɛntəns]	名 課刑，判決　動 審判，判決
	<u>Having been sentenced to prison</u>, he stopped arguing. （因為）已經被判定入獄，他不再辯解了。

□□□ **annoy** [əˈnɔɪ]	動 惹惱，使生氣
	<u>Having been annoyed by the boy</u>, we shall help him no more. （因為）已經被男孩給惹惱了，我們不會再幫他了。

□□□ **majority** [məˈdʒɔrətɪ]	名 大多數，多數
	<u>Having been supported by the majority</u>, she easily won the election. （因為）受到多數人的支持，她很輕易地贏得了選舉。

□□□ **warn** [wɔrn]	動 警告，通知 Having been warned in advance, I examined everything carefully. （因為）已經事先被警告過了，我很小心地檢查了全部的東西。

8 複合形容詞 (1) 名詞＋分詞

當我們想要綜合名詞和分詞的兩種意思，變成一個形容詞來形容事物時，就在中間加上「-」的符號就行啦！除了一些常見的複合形容詞外，有時候還可以自己發明喔！

單字＋文法一起學！

□□□ **producer** [prəˈdjusɚ]	名 製作人，生產者，製造者 Who's the producer of this heart-wrenching movie? 誰是這部痛徹心扉的電影的製作人？
□□□ **infection** [ɪnˈfɛkʃən]	名 傳染病，影響 It was a life-threatening infection that hit the village. 侵襲小鎮的是個對生命具有威脅性的傳染病。
□□□ **device** [dɪˈvaɪs]	名 設備，裝置 We're working on creating an energy-saving device. 我們正著手於製造一個節約能源的設備。
□□□ **scenery** [ˈsinərɪ]	名 風景，景色 The spectacular scenery of the Grand Canyon was breathtaking. 大峽谷壯麗的美景真是令人嘆為觀止。
□□□ **scan** [skæn]	動 掃描，細看，審視 名 掃描，細看，審視 The kids scanned the mouth-watering delicacies with excitement. 孩子們興奮地看著這些令人垂涎的美食。

9 複合形容詞 (2) 形容詞（副詞）＋分詞

中間加上「-」的符號，還可以連接形容詞以及分詞喔！同樣地，這樣的複合形容詞也是綜合了兩種不同詞性、不同詞意的功能，必要時可以自行組合呢！而副詞和分詞的組合，除了特定的慣用法，一般並不加「-」。

單字＋文法一起學！

□□□ **fragrance** [ˈfregrəns]	名 香味，芬芳，香氣 I smell the fragrance from those flowers in full-bloom. 我聞到了那些盛開花朵的香味。

□□□ **technology** [tɛk'nɑlədʒɪ]	名 技術，工藝
	Japan is renowned for its <u>fully developed</u> technology. 日本因發展極致的技術而聞名。
□□□ **mental** ['mɛntl̩]	形 精神的，心智的
	That <u>strange-looking</u> man is said to have mental problems. 那個看起來很奇怪的人，被說是精神有問題。
□□□ **cabin** ['kæbɪn]	名 客艙，船艙
	There are nearly a hundred cabins on this <u>fast-moving</u> train. 這輛快速移動的火車有將近一百個客艙。
□□□ **journal** ['dʒɝnl̩]	名 日誌，日報，期刊
	The <u>nearly forgotten</u> story was revealed as her journal was found. 在她的日誌被發現後，那幾乎被遺忘的故事被揭開了。

10　常用獨立分詞片語

下面列出幾個實用的分詞片語，習慣性地被獨立使用，放在句首來發揮類似副詞的功能，修飾逗點之後的句子。

單字＋文法一起學！

□□□ **luck** [lʌk]	名 運氣，好運，幸運
	<u>Honestly</u> speaking, it was luck that saved you. 老實說，是運氣救了你的。
□□□ **factor** ['fæktɚ]	名 因素，要素
	<u>Considering</u> the unknown factors, a conclusion has not been reached yet. 考慮到未知（但會影響結果）的因素，目前還未下結論。
□□□ **response** [rɪ'spɑns]	名 反應，回應，回答
	<u>Judging from</u> his response, he was a little irritated. 從他的反應來看，他有點被激怒喔。
□□□ **clothing** ['kloðɪŋ]	名 衣服（總稱）
	<u>Generally</u> speaking, formal clothing is required on such occasions. 一般來說，在那種場合會要求（穿著）正式服裝。
□□□ **privacy** ['praɪvəsɪ]	名 隱私，私密
	<u>Providing that</u> my privacy is not to be questioned, I will accept the interview. 在不問及我的隱私的情況下，我願意接受採訪。

Unit 11

主詞的各種型態

「主詞」就是句子要討論的、要敘述的主角。我們可能會討論人,或是某個現象、某個事件、某個計畫⋯等不同的主題。如何生動地描寫出討論的「主角」,又不違反英文文法的規定呢?趕快來看看吧!

1 名詞、代名詞

名詞和代名詞(包含不定代名詞)是最基本的主詞用法,表示各種人、事、物。這時候要多注意主詞與動詞的一致性喔!

單字+文法一起學!

□□□ **emerge** [ɪˈmɝdʒ]	動 浮現,形成
	His bad temper emerges under pressure. 他的壞脾氣在壓力下就會顯露出來。
□□□ **eliminate** [ɪˈlɪməˌnet]	動 除去,排除
	Elena is trying to eliminate junk food from her diet. 艾蓮娜正試著從她的日常飲食中剔除垃圾食物。
□□□ **elaborate** [ɪˈlæbərɪt]	動 精心製作,詳盡闡述
	He elaborated on his proposal by giving some examples. 他用舉例的方式來詳述他的提議。
□□□ **heal** [hil]	動 治癒,癒合
	It takes a long time to heal when one's heart is so badly hurt. 如果心被傷得很深,會需要很長的時間來痊癒的。
□□□ **magnet** [ˈmægnɪt]	名 磁鐵,有吸引力的人或物
	Magnets can be used as tools to post messages on the blackboard. 磁鐵可以用來當作在黑板上張貼訊息的道具。

2 The ＋分詞（形容詞）

《The ＋形容詞》可以表示一個「統稱」，也就是「符合這個形容詞的所有對象」；《The ＋分詞》表示「接受這個動作的所有對象」，兩種句型其實是差不多的，因為分詞原本就有形容詞的功能啊！另外，此時的主詞視作複數，所以動詞字尾不用加 -s 喔！

單字＋文法一起學！↴

□□□ **educate** [ˈɛdʒəˌket]	動 教育，訓練
	The educated may not always be reasonable. 受過教育的人不見得總是理性的。
□□□ **needy** [ˈnidɪ]	形 貧窮的，貧困的
	The needy are worthy of our attention and help. 貧困的人是值得我們的注意和幫助的。
□□□ **parking** [ˈpɑrkɪŋ]	名 停車
	The handicapped have special parking spaces. 殘障人士有特別的停車空間。
□□□ **elderly** [ˈɛldɚlɪ]	形 較年長的，稍老的
	The elderly should have priority when it comes to using elevators. 老人家應該享有使用電梯的優先權。
□□□ **injure** [ˈɪndʒɚ]	動 傷害，損害
	The injured were taken to the nearest hospital immediately. 傷者立刻地被送往最近的醫院去了。

3 動名詞（片語）

動名詞或是再長一些的動名詞片語，是可以當作名詞來使用的，所以當然也可以當作主詞囉！此時的主詞一律視作單數，因為不管片語之中有多少東西，整個片語都還是「一件事」，除非是有一個以上的動名詞片語做主詞，就變成不止一件事了，那麼當然就可以用複數型動詞囉。

單字＋文法一起學！↴

□□□ **plastic** [ˈplæstɪk]	名 塑膠，塑膠製品　形 塑膠的，可塑性的
	Recycling plastic can reduce waste. 回收塑膠品可以減少浪費。
□□□ **horizon** [həˈraɪzn̩]	名 地平線，限度
	Studying abroad may broaden your horizons. 在國外唸書也許可以讓你長長見識。

☐☐☐ **lullaby** [ˈlʌləˌbaɪ]	名 催眠曲，搖籃曲
	<u>Singing</u> a lullaby can help a baby fall asleep. 唱首搖籃曲可以幫助寶寶入睡。
☐☐☐ **cooperate** [koˈɑpəˌret]	動 合作，協調
	<u>Cooperating</u> in class can be difficult for children. 在課堂上配合對孩子來說可能是很困難的。
☐☐☐ **spice** [spaɪs]	名 香料，調味料　動 加香料，添趣味
	<u>Adding</u> too many spices to your food does your health no good. 在你的食物中加太多香料，對你的健康沒有好處。

4　不定詞（片語）

不定詞是可以當作名詞來使用的，所以當然也可以當作主詞囉！和動名詞一樣，不定詞片語都視作單數。

單字＋文法一起學！

☐☐☐ **enthusiasm** [ɪnˈθjuzɪˌæzəm]	名 狂熱，熱心，熱情
	<u>To develop</u> enthusiasm takes time. 要培養熱情需要時間。
☐☐☐ **confront** [kənˈfrʌnt]	動 面臨，迎面
	<u>To confront</u> one's failure is not easy. 要面對自己的失敗，並不是件容易的事。
☐☐☐ **global** [ˈglobl]	形 全球的，全世界的
	<u>To fight</u> global warming is everybody's responsibility. 對抗全球暖化是每個人的責任。
☐☐☐ **dusty** [ˈdʌstɪ]	形 滿是灰塵的，積灰的
	<u>To stay</u> in a dusty room is a nightmare for people with allergies. 對過敏的人來說，待在一個充滿灰塵的房間裡是一場惡夢。
☐☐☐ **harmony** [ˈhɑrmənɪ]	名 協調，調和
	<u>To keep</u> a family in harmony requires tolerance and patience. 要維持家庭的和諧，需要寬容和耐心。

5　That 引導的子句

通常 that 所帶領的子句都是放在句子中間，當作動詞的補語。不過因為它們也就等於「一件事情」，所以也可以放在開頭當作主詞，通常是表示一種說法或是事實。

單字＋文法一起學！

□□□ **accountant** [əˈkaʊntənt]	名 會計師
	That Kate became an <u>accountant</u> surprises us all. 凱特成為會計師的這件事，讓我們大家都很驚訝。
□□□ **personality** [ˌpɝsn̩ˈælətɪ]	名 個性，人格特質
	That astrological signs can explain one's <u>personality</u> is nonsense to me. 星座可以解析一個人的人格特質，（這種事）對我來說是無稽之談。
□□□ **goodness** [ˈɡʊdnɪs]	名 仁慈，善良
	That <u>goodness</u> lies in everyone doesn't make sense to me. 人性本善，（這個說法）對我來說不怎麼有道理。
□□□ **impact** [ˈɪmpækt]	名 影響，衝擊 動 衝擊，產生影響
	That his parents had divorced seemed to have a great impact on him. 父母離婚這件事，似乎對他造成很大的衝擊。
□□□ **ignorance** [ˈɪɡnərəns]	名 無知，不知
	That he asked me about my private life was done out of complete ignorance. 他詢問我的私生活這件事根本就是無知。

6　疑問詞＋ S ＋ V

《疑問詞＋ S ＋ V…》又是個名詞片語的句型，可以放在句中，也可以放在句首當作主詞。此外，它也有另一個常見的名稱叫做「間接敘述（問句）」。

單字＋文法一起學！

□□□ **nonsense** [ˈnɑnsɛns]	名 無意義，荒謬的言行
	What he said was considered nonsense. 他說的話被當作是無稽之談。

□□□ **mystery** [ˈmɪstərɪ]	名 神秘，謎，秘密
	How they built the pyramids remained a mystery. 他們建造金字塔的方法依舊是個謎。
□□□ **obvious** [ˈɑbvɪəs]	形 明顯的，顯然的
	Which you should choose is quite obvious now. 你該選哪一個了，現在已經很明顯了。
□□□ **postpone** [postˈpon]	動 推遲，延遲
	Why they postponed the ceremony is unknown. 不知道他們為何把典禮延後了。
□□□ **persuasive** [pɚˈswesɪv]	形 善於說服的
	What he said during the meeting was quite persuasive. 他在會議中說的話，還滿有說服力的。

MEMO

Unit
12 介係詞

小小的介係詞常常是高中生們的大困擾,它們可以用來表示「場所」、「時間」、「原因」、「對象」、「方法」…等意思,從具體到抽象都有!同一個介係詞可以表示很多種意思,所以要好好熟悉它們才行喔!

1 In

表示「在…之中」的意思,除了表示具體的位置和時間(距離)範圍,又可以延伸至抽象的敘述,像是處境、狀態、動作或感情的對象、方法、屬性等。

單字+文法一起學!

□□□ **engineering** [ˌɛndʒəˈnɪrɪŋ]	名 工程
	Sam is an expert in computer engineering. 山姆是電腦工程方面的專家。
□□□ **situation** [ˌsɪtʃʊˈeʃən]	名 情況,情形,位置
	Susie has put herself in a complicated situation. 蘇西讓自己陷入了一個複雜的處境。
□□□ **desperate** [ˈdɛspərɪt]	形 絕望的,危急的
	The mother of the child is in a desperate situation. 那個小孩的母親情況相當危急。
□□□ **identical** [aɪˈdɛntɪkl]	形 同一的
	Being identical means to be similar in every detail. 所謂的一樣,意思是指在每個小細節上都相同。
□□□ **evolve** [ɪˈvɑlv]	動 使發展,進展
	In my opinion, society and people are continually evolving. 我認為社會和人類都是一直在進化的。

2 On

表示「在…（平面）之上」的意思，可表示具體的位置、時間，也可延伸至抽象的敘述如：狀態、仰賴的對象、事物的主題、動作發生的時機等。

單字＋文法一起學！

□□□ **bride** [braɪd]	名 新娘
	The bride has been <u>on</u> a diet for a month. 新娘已經減肥有一個月之久了。
□□□ **literature** [ˈlɪtərətʃɚ]	名 文學，著作，文藝
	Rachel wrote an essay <u>on</u> English literature. 瑞裘寫了一篇關於英國文學的論文。
□□□ **rely** [rɪˈlaɪ]	動 依靠，依賴
	You can't rely <u>on</u> others to do everything for you. 你不能依賴別人替你做所有的事。
□□□ **tax** [tæks]	名 稅金，稅 動 課稅，徵稅
	The government has decided to impose a tax <u>on</u> foreign tobacco. 政府已決定要對國外煙草課稅。
□□□ **knight** [naɪt]	名 騎士，爵士
	<u>On</u> seeing the queen, the knights knelt down by their horses. 一見到皇后，騎士們立刻在馬兒旁跪下。

3 At

表示「在…（點）上」的意思，可表示具體的位置、時間、動作的對象等，又延伸為抽象的敘述如：速率、狀態、回應、情感的原因等。

單字＋文法一起學！

□□□ **amazed** [əˈmezd]	形 吃驚的，驚奇的
	I was amazed <u>at</u> how well he could play football. 他的足球技術好的讓我感到吃驚。
□□□ **commander** [kəˈmændɚ]	名 司令，指揮官
	They assembled quickly <u>at</u> the commander's request. 因應指揮官的要求，他們很快地集合了起來。

□□□ **urgent** [ˈɝdʒənt]	形 急迫的，緊急的
	I know he's <u>at</u> work, but I have some urgent news to tell him. 我知道他正在工作，但我有緊急的事要告訴他。
□□□ **rate** [ret]	名 比例，比率 動 評價，估價
	The high speed rail travels <u>at</u> a rate of about 300 km per hour. 高鐵以大約每小時三百公里的速度行進。
□□□ **ease** [iz]	動 使悠閒，減輕 名 安樂，悠閒，安逸
	We were able to put our minds <u>at</u> ease after finishing the task. 完成任務之後我們終於可以鬆一口氣了。

4 Through 和 throughout

12-4

Through 表示「穿透」的意思，抽象用法方面有：媒介（管道）、現象或動作的遍布、瀏覽、經歷等。另一個相似的介係詞 throughout 則用來表示「遍布」、「在整個事件期間…」的意思。

單字＋文法一起學！

□□□ **suffer** [ˈsʌfɚ]	動 受苦，遭受，忍受
	Innocent people suffered <u>throughout</u> the war. 無辜的人們在整場戰爭中飽受苦難。
□□□ **trend** [trɛnd]	名 趨勢，傾向
	We can observe new trends <u>through</u> public media. 我們可以透過大眾媒體來觀察新的趨勢。
□□□ **legendary** [ˈlɛdʒəndˌɛrɪ]	形 傳說的，傳奇的
	Bill Gates's legendary success is known <u>throughout</u> the world. 比爾蓋茲傳奇性的成功廣為世人所知。
□□□ **memorandum** [ˌmɛməˈrændəm]	名 備忘錄，便箋
	Let's go <u>through</u> the items on our memorandum quickly. 我們快速地討論一下備忘錄上的事項吧。
□□□ **intimate** [ˈɪntəmɪt]	形 親密的，私人的
	They've developed an intimate relationship after being <u>through</u> the war. 在經歷這場戰爭之後，他們發展出了一段親密的關係。

5　Outside 和 inside

Outside（在…外部）和 inside（在…內部）是用來說明事物的位置的。此外，outside 也可以表示某事物的「範圍之外」、「除外」等意思，inside 則可以延伸表示「時間以內」、「人或事物內部」的意思。

單字＋文法一起學！

□□□ **native** [ˈnetɪv]	形 本國的，自然的　名 原住民，本地人
	Outside of Jessica, all of the girls here are natives. 除了潔西卡之外，這裡所有的女孩都是本地人。
□□□ **conceal** [kənˈsil]	動 隱蔽，隱藏
	Why is he always concealing his feelings inside? 為什麼他總是要把自己的感受隱藏起來呢？
□□□ **interfere** [ˌɪntəˈfɪr]	動 妨礙，衝突，抵觸
	I would not interfere with anything you do outside work. 我不會干預你在工作之外做的任何事情。
□□□ **responsibility** [rɪˌspɑnsəˈbɪlətɪ]	名 責任，職責
	These duties are outside your range of responsibility. 這些職務並不在你的責任範圍之中。
□□□ **decade** [ˈdɛked]	名 十，十年
	The popularity of hip-hop will not change inside the next decade. 嘻哈的流行在未來十年之內是不會改變的。

6　Out of

Out of 除了表示「在…之外」、「離開」的意思，還有許多延伸的用法：行為的「動機」、挑選的「範圍」、「原料」、事物的「匱乏」、「狀況之外」等用法。

單字＋文法一起學！

□□□ **fuel** [ˈfjuəl]	名 燃料　動 加燃料，供燃料
	I think our truck is out of fuel. 我想我們卡車的燃料已經用完了。
□□□ **illegal** [ɪˈligl]	形 違規的，不合法的
	Always stay out of illegal business. 永遠都別牽扯上非法的生意。

□□□ **generosity** [ˌdʒɛnəˈrɑsɪtɪ]	名 慷慨，大方，寬大
	Ben did those favors <u>out of</u> generosity. 班幫的那些忙，是出自於寬大的胸懷。
□□□ **applicant** [ˈæpləkənt]	名 申請人
	We shall pick just one <u>out of</u> all the applicants. 我們會從所有的應徵者中，僅選出一位。
□□□ **recreation** [ˌrɛkrɪˈeʃən]	名 消遣，娛樂，遊戲
	Lily makes toys <u>out of</u> recycled materials for recreation. 莉莉用回收的材料來做玩具，當作消遣。

7 Above 和 below

Above（在⋯上方）和 below（在⋯下方）可以説是一組相反的介係詞。除了表示位置的高低、數字或水準的高低外，還有一些抽象的用法：above 表示「排除」、「超出範圍」的意思，beyond 則是可以表示「超出範圍」之意思。

單字＋文法一起學！

□□□ **description** [dɪˈskrɪpʃən]	名 敘述，描述
	The beauty of the sunset is <u>beyond</u> description. 日落之美真是難以形容。
□□□ **nasty** [ˈnæstɪ]	形 污穢的，險惡的
	I believe I'm <u>above</u> doing such nasty things. 我相信自己不至於做那些陰險的事情。
□□□ **loyalty** [ˈlɔɪəltɪ]	名 忠誠，忠心
	Her loyalty to her husband is <u>above</u> suspicion. 她對她丈夫的忠誠是無庸置疑的。
□□□ **average** [ˈævərɪdʒ]	形 平均的，一般的
	James' scores have been <u>below</u> average this semester. 詹姆士這學期的分數一直都在平均值以下。
□□□ **adjust** [əˈdʒʌst]	動 調整，校正
	That arrogant girl is <u>above</u> adjusting herself to the environment. 那個驕傲的女孩是不會調整自己來適應環境的。

8

Over

Over（越過…）除了表示「從上方越過」的動作、數量的「超過」以及「覆蓋…」的效果外，抽象的用法另有：「優越的情勢」、事物的「主題」或「原因」、「時間流逝」、「現象的遍布」等。

單字＋文法一起學！⤵

□□□ **triumph** [ˈtraɪəmf]	名 凱旋，勝利
	We rejoiced in our triumph <u>over</u> the opposing team. 我們因擊敗對手得到勝利而感到高興。
□□□ **colony** [ˈkɑlənɪ]	名 殖民地，僑民
	The Spanish used to have control <u>over</u> many colonies. 西班牙人曾統治過許多殖民地。
□□□ **sailing** [ˈselɪŋ]	名 航海，航行
	I will be sailing near Phuket <u>over</u> the next few days. 接下來幾天，我都會在普吉島附近航行。
□□□ **disease** [dɪˈziz]	名 疾病，病
	That strange disease has spread all <u>over</u> the country. 那個奇怪的疾病，已經蔓延至全國各地了。
□□□ **argument** [ˈɑrgjəmənt]	名 爭論，論點
	An argument <u>over</u> money is possible even between close friends. 即便是和親近的朋友，也可能會有金錢上的糾紛。

For

介係詞 for 的用法有很多，除了表示原因、目標、用途、距離或時間的長度等意思外，還可以表示「代表」、「儘管」、「就…來說」、「相等的互換」、「贊成」等抽象的意思。

單字＋文法一起學！⤵

□□□ **tropical** [ˈtrɑpɪkl]	形 熱帶的，酷熱的
	It's quite cool today here <u>for</u> a tropical island. 就一個熱帶島嶼來說，今天已經算很涼爽了。
□□□ **exchange** [ɪksˈtʃendʒ]	名 交換，匯兌 動 交換，兌換
	She exchanged her antique vase <u>for</u> a brand new purse. 她用自己的古董花瓶，換到了一個全新的包包。

□□□ **accomplish** [əˈkɑmplɪʃ]	動 實現，達到，完成
	<u>For</u> all his efforts, he still failed to accomplish his work. 儘管他很努力，他還是沒辦法完成他的工作。
□□□ **harsh** [hɑrʃ]	形 粗糙的；嚴厲的；粗略的
	I'm <u>for</u> the idea of harsh punishments for drunk driving. 我支持對酒駕進行嚴厲懲處的看法。
□□□ **reward** [rɪˈwɔrd]	名 報酬，酬謝　動 獎賞，酬謝
	Are they offering a reward <u>for</u> any information about the robbery? 他們提供獎賞給任何提供與該搶案相關訊息的人嗎？

10　From

From（從…）常常帶有「起點」的意味在，除了表示動作、時間、狀態的起始點，還可以表示事物的由來。進階的用法包括「預防」、「隔離」、「判斷的依據」、「區別」、「立場或觀點」等。

單字＋文法一起學！

□□□ **organic** [ɔrˈgænɪk]	形 器官的，組織的，有機的
	Most organic fruits are free <u>from</u> pesticides. 大部分的有機水果都沒有農藥。
□□□ **dignity** [ˈdɪgnətɪ]	名 尊嚴，尊貴
	Dignity is definitely different <u>from</u> arrogance. 尊嚴和傲慢絕對是不同的。
□□□ **amateur** [ˈæməˌtʃʊr]	形 業餘的，外行的　名 業餘者，外行人
	Judging <u>from</u> his moves, I think he's an amateur. 從他的動作來看，我判斷他是個外行人。
□□□ **destroy** [dɪˈstrɔɪ]	動 毀滅，毀壞
	We tried to stop that earthquake <u>from</u> destroying our homes. 我們試著不讓地震摧毀我們的家園。
□□□ **allowance** [əˈlaʊəns]	名 零用錢
	<u>From</u> my point of view, it's necessary to give kids allowance. 我認為給小孩子零用錢是有必要的。

Against

12-11

Against 是表示「反」、「逆」的一個介係詞。除了表示「倚靠」外（因為物體和倚靠的對象為兩個相反的作用力），又可以表示「預防」、「違反」、「對照」的意思。

單字＋文法一起學！↴

□□□ **will** [wɪl]	名 意志，意向
	You must not act <u>against</u> your own will. 你做事絕不能違背自己的意願。
□□□ **injection** [ɪnˋdʒɛkʃən]	名 注射劑，注射
	Injections <u>against</u> rabies are necessary. 注射抗狂犬病的疫苗是必要的。
□□□ **lean** [lin]	動 依靠，倚賴，傾斜
	The lady leaned <u>against</u> the wall holding a drink. 那位女士拿著一杯飲料，倚靠在牆上。
□□□ **penalty** [ˋpɛnḷtɪ]	名 刑罰，報應，罰款
	Many people are <u>against</u> the death penalty. 很多人都反對死刑。
□□□ **dim** [dɪm]	形 微暗的，暗淡的 動 變暗淡，變模糊
	The dim light became bright <u>against</u> the darkness of night. 微光在黑夜的襯托之下變得明亮。

By

12-12

By 最常出現的地方，就是被動語態的句子（表示動作者），此外也常用來表示「工具」、「方法」、「鄰近」的意思。進階的用法包括「依據」、「接觸的身體部位」、「單位（速率）」，還可以當作四則運算的專用語喔！

單字＋文法一起學！↴

□□□ **fake** [fek]	形 假的，冒充的 名 仿造品，冒充者
	I bought a fake <u>by</u> mistake. 我不小心買到了仿冒品。
□□□ **multiply** [ˋmʌltəplaɪ]	動 相乘，增加
	Multiply ten <u>by</u> two and you'll get twenty. 用二去乘十，就會得到二十。

□□□ **forth** [forθ]	副 往前，向外
	The army must move forth <u>by</u> all means. 用盡一切方法，軍隊都一定要往前進。
□□□ **grab** [græb]	動 攫取，抓取 名 抓住，掠奪物
	The security guard grabbed the man <u>by</u> his arm. 警衛抓住了那個男人的手臂。
□□□ **petal** ['pɛtḷ]	名 花瓣
	He plucked the petals off the flower one <u>by</u> one. 他把花瓣一片一片地摘下來。

13 Into 和 onto

Into 和 onto 其實就是 in 和 on 與「to」的組合，綜合了兩種介係詞的特性，比原來的用法更強調「動態」的感覺：into 表示「進入到…之中」、「撞上」、「改變成…」、「使他人…」等意思，onto 則表示「到…（平面）的上面」。

單字＋文法一起學！

□□□ **dive** [daɪv]	動 跳水，俯衝 名 跳水，俯衝
	The fisherman dived <u>into</u> the water. 漁夫潛入了水中。
□□□ **threaten** ['θrɛtṇ]	動 恐嚇，威脅
	He was threatened <u>into</u> telling a lie. 他被威脅說了一個謊言。
□□□ **van** [væn]	名 休旅車，小貨車
	How exactly did he bump <u>into</u> that van? 他到底是怎麼撞上那輛休旅車的呢？
□□□ **witch** [wɪtʃ]	名 巫婆，女巫
	The witch turned the princess <u>into</u> a statue. 女巫把公主變成了一座雕像。
□□□ **vase** [ves]	名 花瓶，瓶
	I accidentally knocked the vase <u>onto</u> the floor. 我不小心把花瓶弄倒在地上了。

With 和 without

With 帶有「一起」的意思，可用來表示「同伴」、「事物的特性」、「工具」、「動作的情緒」等意思。而 with 和 without 是兩個相反的介係詞，所以 without 主要表示的是「沒有一起」的意思，甚至可以用《without + V-ing（或名詞）》的句型來表示「排除在外的狀況」。

單字＋文法一起學！

□□□ **intention** [ɪnˈtɛnʃən]	名 意圖，目的，意向
	I believe she did so <u>with</u> good intentions. 我相信她是出自好意才這麼做的。
□□□ **offensive** [əˈfɛnsɪv]	形 討厭的，無禮的
	Billy was upset <u>with</u> Ana's offensive words. 比利對安娜無禮的言詞感到生氣。
□□□ **infant** [ˈɪnfənt]	名 嬰兒，幼童
	Infants should not be left alone <u>without</u> any care. 嬰兒不該被丟下一個人，沒人照顧的。
□□□ **permission** [pəˈmɪʃən]	名 允許，許可
	He used my belongings <u>without</u> asking for my permission. 他沒有徵求我的同意，就使用我的東西。
□□□ **professional** [prəˈfɛʃənl]	形 專業的，職業的　名 專業人才
	<u>With</u> my professional assistance, there's nothing for you to worry about. 有我專業的協助，您沒有什麼好擔心的。

15

With 的特殊用法

With 除了上述的幾個用法外，還可以用來說明「附帶狀況」，此時會使用《with ＋受詞＋受詞補語》的句型，表示在主詞做前面的動作時，同時又有什麼樣的狀況。

單字＋文法一起學！

□□□ **neat** [nit]	形 整潔的，整齊的
	It was a neat bedroom <u>with no dust at all</u>. 那是一間一塵不染的乾淨房間。
□□□ **salary** [ˈsælərɪ]	名 薪資，薪水，工資
	Kevin ran away <u>with all his employees' salaries</u> unpaid. 凱文逃跑了，所有的員工薪水都沒有支付。

□□□ **injured** [ˈɪndʒɚd]	形 受損害的，受傷的
	The injured man is lying on the bed <u>with his eyes shut</u>. 那個受傷的男人正閉著雙眼躺在床上。

□□□ **fireplace** [ˈfaɪr͵ples]	名 壁爐
	Grandma sat beside the fireplace <u>with the fire burning</u>. 祖母坐在壁爐旁，火正燃燒著。

□□□ **miserable** [ˈmɪzərəbl̩]	形 悲慘的，不幸的
	She talked about her miserable past <u>with her eyes full of tears</u>. 她訴說著自己悲慘的過去，眼中滿是淚水。

16 As

As 同時具有連接詞、副詞、介係詞等三種特性。當作介係詞時，可表示「像是…」、「以…身分」、「因為是…身分」等意思。

單字＋文法一起學！

□□□ **rival** [ˈraɪvl̩]	名 競爭者，敵手，對手
	Think of your rivals <u>as</u> your teachers. 把你的對手當作你的老師。

□□□ **slave** [slev]	名 奴隸，卑鄙的人
	There are still some people who treat Blacks <u>as</u> slaves. 還是有人會把黑人當作奴隸對待的。

□□□ **last** [læst]	動 持續，持久
	I'm telling you <u>as</u> a friend that such luck won't last long. 我以一個朋友的身份告訴你，這樣的運氣不會持續太久的。

□□□ **neglect** [nɪɡˈlɛkt]	動 疏忽，怠慢，忽略
	<u>As</u> someone with experience, you should not have neglected that. 以一個有經驗的人來說，你不應該忽略那點的。

□□□ **executive** [ɪɡˈzɛkjʊtɪv]	名 執行者，經理　形 執行的，有執行權的
	<u>As</u> the executive director, Gary makes important decisions every day. 身為執行總監，蓋瑞每天都要做些重大的決策。

17 Of

Of（屬於）這個介係詞常用來表示非生命體的所有格，另外也搭配數量形容詞或是不定代名詞，來說明事物的多寡。除此之外也可以表示「屬性」、「剝奪」、「主題」、「與…相關」、「原料」之意。

單字＋文法一起學！

□□□ **wisdom** [ˈwɪzdəm]	名 智慧，學識
	Prof. Roosevelt is a man of wisdom. 羅斯福教授是個有智慧的人。
□□□ **achievement** [əˈtʃivmənt]	名 完成，達成
	Do you think Dad will be proud of my achievements? 你覺得爸爸會為我的成就感到驕傲嗎？
□□□ **lifetime** [ˈlaɪfˌtaɪm]	名 一生，終生
	He was deprived of his freedom for a lifetime. 他被剝奪了終生的自由。
□□□ **dusk** [dʌsk]	名 黃昏，傍晚
	I enjoyed a moment of clarity at dusk on a beach. 我在黃昏的海邊享受神清氣爽的片刻。
□□□ **theme** [θim]	名 主題，話題，題目
	The theme of tonight's party is "exotic elegance." 今晚派對的主題是「優雅的異國風情」。

18 Beyond

Beyond（到…之外）可以用來形容具體的位置，不過更常被使用的卻是它的抽象用法，就是「超出…的範圍」、「除了…以外」、「在…之後（時間）」等意義。

單字＋文法一起學！

□□□ **stretch** [strɛtʃ]	動 伸直，伸長 名 伸展，張開
	His ranch stretches beyond the hills. 他的莊園一直延伸到丘陵的另一邊。
□□□ **suspicion** [səˈspɪʃən]	名 懷疑，猜疑
	His loyalty to his wife is beyond suspicion. 他對妻子的愛是無可懷疑的。（超出可懷疑的範圍）

□□□ **estate** [ɪsˈtet]	名 不動產，階層
	The old man has nothing <u>beyond</u> some real estate. 那個老人除了他的不動產之外，一無所有。

□□□ **landscape** [ˈlændˌskep]	名 風景，山水
	Those beautiful landscapes were <u>beyond</u> description. 那些山水景觀的美麗，真非筆墨所能形容。

□□□ **retire** [rɪˈtaɪr]	動 退休，退出，收回
	I'm planning to retire at sixty, but I haven't thought <u>beyond</u> that. 我計畫在六十歲退休，不過還沒想到在那之後的事。

19 其他介係詞

除了前面提到的幾個用法較為多元的介係詞，還有不少好用的介係詞喔！
配合例句，趕快把它們學起來吧！

單字＋文法一起學！

□□□ **modesty** [ˈmɑdɪstɪ]	名 謙虛，虛心，中肯
	She still has a lot more <u>besides</u> her modesty. 她除了謙虛之外，還有很多(優點)呢。

□□□ **amid** [əˈmɪd]	介 在…之間，在…之中
	We managed to get some rest <u>amid</u> all the turmoil. 我們企圖在這場騷動之中，得到一些喘息空間。

□□□ **absence** [ˈæbsn̩s]	名 缺席，不在
	The team has been a disaster <u>during</u> the coach's absence. 教練不在的時候，隊伍整個是一團糟。

□□□ **despite** [dɪˈspaɪt]	介 儘管，不管
	<u>Despite</u> all of our efforts, we weren't able to fix the problem. 儘管我們已作出所有的努力，我們還是無法解決問題的。

□□□ **regarding** [rɪˈgɑrdɪŋ]	介 關於，就…而論
	They're having a private meeting <u>regarding</u> yesterday's events. 他們正針對昨天的活動舉行私人會議。

20

實用介係詞片語

12-20

顧名思義，所謂的介係詞片語，就是功能和介係詞一樣的片語囉！以下列出常見的幾個介係詞片語給讀者們參考。

單字＋文法一起學！

□□□ **legend** [ˈlɛdʒənd]	名 傳說，圖例，神話
	<u>According to</u> the legend, the ship sank right here. 根據傳說，那艘船就是這在這裡沈沒的。
□□□ **opera** [ˈɑpərə]	名 歌劇，歌劇院，歌劇藝術
	His cell phone rang loudly <u>in the middle of</u> the opera. 他的手機在歌劇進行中大聲響了。
□□□ **opponent** [əˈponənt]	名 對手，敵手，反對者
	You should respect your opponent <u>instead of</u> hating him. 你應該尊重而非是憎恨你的對手。
□□□ **oral** [ˈorəl]	形 口頭上的，口述的
	There's an oral presentation <u>in addition to</u> a written test. 除了一次筆試之外，還有一個口頭報告。
□□□ **regardless** [rɪˈgɑrdlɪs]	副 不論如何，不管怎樣
	I shall marry him <u>regardless of</u> what everyone else says. 不管別人怎麼說，我都會嫁給他。

21

補充用法 (1) 形容詞與介係詞的搭配

12-21

有時候形容詞和介係詞的搭配，實在沒有什麼固定的邏輯去推敲，以下再補充一些高中常考的組合，要背起來喔！

單字＋文法一起學！

□□□ **capable** [ˈkepəbl̩]	形 有才華的，有能力的
	Dan is <u>capable of</u> completing the assignment. 丹是有能力完成這個工作的。
□□□ **envious** [ˈɛnvɪəs]	形 嫉妒的，羨慕的
	You shouldn't always be <u>envious of</u> other people. 你不應該總是忌妒別人。

□□□ **sculpture** [ˈskʌlptʃɚ]	名 雕刻，雕塑品
	This artist is <u>world-famous for</u> his sculptures. 這位藝術家以他的雕塑而聞名世界。

□□□ **exclaim** [ɪksˈklem]	動 呼喊，大叫
	The customer exclaimed that he was <u>unsatisfied with</u> the product. 顧客大聲嚷著說他對產品感到不滿。

□□□ **aspect** [ˈæspɛkt]	名 方面，外觀，外表
	The aspect he focused on was <u>different from</u> mine. 他所關注的面向和我的並不相同。

22 補充用法 (2) 動詞與介係詞的搭配 12-22

如果不知道要使用哪個介係詞，有時候就算知道動詞是什麼也沒辦法運用自如。補充幾個動詞與介係詞搭配的組合，趕快記住吧！

單字＋文法一起學！

□□□ **associate** [əˈsoʃɪˌet]	動 聯想，聯合 名 夥伴，同事
	Most people would <u>associate</u> basketball <u>with</u> the United States. 大部分的人都會把籃球和美國聯想在一起。

□□□ **earthquake** [ˈɝθˌkwek]	名 地震
	Some scholars have <u>warned</u> us <u>of</u> a coming earthquake. 有些學者已經警告過我們，地震即將來臨。

□□□ **alcohol** [ˈælkəˌhɔl]	名 酒精，酒
	I've never <u>approved of</u> your drinking alcohol. 我從沒允許過你喝酒。

□□□ **analysis** [əˈnæləsɪs]	名 分析，解析
	Did he <u>compliment</u> you <u>on</u> your thorough analysis? 他有因為你透徹的分析而誇獎你嗎？

□□□ **enhance** [ɪnˈhæns]	動 提高，加強，增加
	She <u>succeeded in</u> enhancing her presentation skills. 她成功地提升了自己的簡報技巧。

英文基本的語序是「主詞→動作（事件）→時間、地點、同伴等附加形容」。所謂倒裝就是顛覆這樣的順序，把本來放在後面的元素，移到句子的最前面。這樣的句法除了可以增加句子的變化性之外，通常也可以讓移到句首的部分受到注意。

1 Only…

13-1

表示「條件」的 only，常常搭配副詞片語，倒裝在句子最前面，強調「只有…，才會…」的語氣。要注意主要句子的結構喔！在這樣倒裝的情況下，句子的結構和疑問句是一樣的，變成《Only ＋條件＋疑問句結構》的形態。

單字＋文法一起學！

□□□ **improvement** [ɪmˈpruvmənt]	名 改進，進步
	<u>Only</u> by practicing can there be improvement. 只有靠練習，才有可能進步。
□□□ **observation** [ˌɑbzɚˈveʃən]	名 觀察，觀察力
	<u>Only</u> with keen observation can you learn quickly. 只有靠敏銳的觀察力，你才可以學得更快。
□□□ **proof** [pruf]	名 證據，試驗 形 證明用的，防…的
	<u>Only</u> when you find more proof can the case be clarified. 只有等你找到更多證據，案情才能被釐清。
□□□ **sacrifice** [ˈsækrəˌfaɪs]	動 犧牲，獻祭 名 祭品，獻祭
	<u>Only</u> for his daughter would he sacrifice his own benefits. 只有為了他女兒，他才會願意犧牲自己的利益。
□□□ **independence** [ˌɪndɪˈpɛndəns]	名 獨立，自立，自主
	<u>Only</u> through independence will our country gain true freedom. 唯有透過獨立，我們的國家才會獲得真正的自由。

2 副詞置前 (1) 介副詞 → V → S 🎧 13-2

當主詞是一般的名詞而非代名詞時，句子可以從《S → V → 介副詞》變成《介副詞 → V → S》。相反地，如果不是代名詞，則可以不用倒裝。常見的介副詞包括 up、down、out、away、here、there 等，用來説明方位的變化。

單字＋文法一起學！

□□□ **worse** [wɝs]	形 較差的，更壞的　副 更壞的，更惡劣地
	The situation grew worse. →<u>Worse grew the situation</u>. 情況變得更糟糕了。
□□□ **fountain** ['faʊntɪn]	名 泉水，噴泉
	The girl plunged into the fountain. →<u>Into the fountain plunged the girl</u>. 女孩跳進了噴泉裡。
□□□ **properly** ['prɑpɚlɪ]	副 恰當地，正確地
	They sent the boy out. He didn't behave properly. →<u>Out they sent the boy</u>. He didn't behave properly. 他們把男孩叫出去了，他表現得很不得體。
□□□ **technician** [tɛk'nɪʃən]	名 技術人員，技師
	The technician comes here. Let's ask him for advice. →<u>Here comes the technician</u>. Let's ask him for advice. 技師來了，我們來問他的意見吧。
□□□ **remote** [rɪ'mot]	形 遙遠的，疏遠的
	The bird flew away. I guess it's going somewhere remote. →<u>Away flew the bird</u>. I guess it's going somewhere remote. 鳥兒飛走了。我想牠要飛到很遠的地方去吧。

3 副詞置前 (2) 情態副詞 / 頻率副詞 → S → V 🎧 13-3

副詞有分很多種類，其中，具體形容動作樣貌的副詞又稱作「情態副詞」，説明動作發生頻率的叫作「頻率副詞」。此時，句子可以從《S → V → adv.》變成《adv. → S → V》的順序。然而有一個頻率副詞是不能這樣倒裝的，就是 always（總是）。

單字＋文法一起學！

| □□□
 obviously
 ['ɑbvɪəslɪ] | 副 明顯地，顯而易見地 |
| | <u>Obviously, you have made</u> a huge mistake.
 很顯然地，你已經犯了個天大的錯誤。 |

□□□ **hiking** [ˈhaɪkɪŋ]	名 健行，徒步旅行
	Sometimes we go hiking on the weekend. 有時候我們會在周末去健行。
□□□ **immediately** [ɪˈmidɪtlɪ]	副 立刻，立即，馬上
	Immediately, the ice started to melt from the heat. 因為熱，冰塊立刻就開始融化了。
□□□ **hopefully** [ˈhopfəlɪ]	副 懷抱希望地，但願
	Hopefully I'll be able to come home for Christmas. 希望我可以回家過聖誕節。
□□□ **invention** [ɪnˈvɛnʃən]	名 發明，創作
	Drastically, the invention of the computer changed the world. 電腦的發明徹底地改變了世界。

4 有「儘管」意味的 as

As 除了當作介係詞（表示「當作」）外，也可以當作連接詞，表示「當」、「因為」的意思。還有一種連接詞用法，則是和 though / although 一樣，表示「雖然」的意思，通常以倒裝的形式出現，變成《形容詞（副詞）＋ as ＋ S ＋ V》的句型，再用逗點連接主要子句。

單字＋文法一起學！

□□□ **tough** [tʌf]	形 堅實的；強硬的
	Tough as the meat is, we can turn it into a delicacy. 雖然肉很硬，但我們還是能將它變成美味的料理。
□□□ **economical** [ˌikəˈnɑmɪkl̩]	形 經濟的，划算的，節儉的
	Economical as I am, I spent a lot of money in Tokyo. 儘管我很省，我在東京還是花了很多錢。
□□□ **impatient** [ɪmˈpeʃənt]	形 不耐煩的，急切的
	Impatient as he is, they still made him wait for a long time. 儘管他很不耐煩，他們還是讓他等了很長的一段時間。
□□□ **shallow** [ˈʃælo]	形 膚淺的，淺的
	Shallow as the conversation was, I learned something from him. 雖然對話很膚淺，我還是從他那裡學到了東西。
□□□ **tiresome** [ˈtaɪrsəm]	形 無聊的，煩人的
	Tiresome as the meeting was, we had to maintain clear thoughts. 雖然會議很累人，我們還是得保持清晰的思路。

5 否定性質的副詞 13-5

副詞之中，有一些是特別用來表示否定的意味的，倒裝放在句首，更可以加強它們否定的語氣喔！

單字＋文法一起學！

□□□ **reality** [rɪˈælətɪ]	名 現實，事實，真實
	<u>Never</u> can you escape from reality. 你不能從現實中逃脫的。
□□□ **photography** [fəˈtɑɡrəfɪ]	名 攝影，攝影技術
	<u>Little</u> do I know about photography. 我對攝影的了解很少。
□□□ **frustrate** [ˈfrʌsˌtret]	動 挫敗，沮喪
	<u>Seldom</u> does she feel frustrated about life. 她很少對人生感到沮喪。
□□□ **detect** [dɪˈtɛkt]	動 發覺，察覺
	<u>Hardly</u> can we detect the signal during a storm. 在暴風雨中，我們幾乎偵測不到訊號。
□□□ **rarely** [ˈrɛrlɪ]	副 很少，難得
	<u>Rarely</u> have we got the opportunity to go on vacation. 我們（這段時間以來）很少有機會去度假。

6 包含否定詞的常用語 13-6

某些慣用語法會使用 not（不）、no（沒有）等表示否定的字眼，並且常以倒裝的形式出現，以下列出常見的幾個句型喔！

單字＋文法一起學！

□□□ **circumstance** [ˈsɝkəmˌstæns]	名 情況，情勢
	<u>Under no circumstances</u> will I help you do this. 不管什麼情況，我都不會幫你做這種事的。
□□□ **athlete** [ˈæθlit]	名 運動員
	<u>Not only</u> is he a good athlete <u>but also</u> a gentleman. 他不只是個好運動員，還是個紳士。

□□□ **frightening** ['fraɪtn̩ɪŋ]	形 令人恐懼的
	By no means can she forget that frightening experience. 她不可能忘記那次駭人的經驗。
□□□ **habitual** [hə'bɪtʃʊəl]	形 習慣的，慣常的
	Not that I don't want to trust her, but she's a habitual liar! 並不是我不想相信她，而是她習慣撒謊。
□□□ **funeral** ['fjunərəl]	名 葬禮，出殯
	Not until being invited to the funeral did he learn about her death. 一直到被邀請參加喪禮，他才知道她的死訊。

7 地方副詞片語

配合介係詞來表現事物的「地點」的片語，就叫做地方副詞片語，可以倒裝到句子的最前面。這樣的句型有《S → V》和《V → S》的兩種順序，前者應用在「代名詞」的主詞上，後者則搭配「一般名詞」的主詞。

單字＋文法一起學！

□□□ **beauty** ['bjutɪ]	名 美麗，美女
	On the bed lies a sleeping beauty. 在床上正躺著一個睡著的美女。
□□□ **beneath** [bɪ'niθ]	介 在…之下，向…下面
	Beneath the car we found a shivering cat. 在車子底下，我們發現了一隻發抖的貓咪。
□□□ **grocery** ['grosərɪ]	名 食品雜貨
	In the basement are the groceries. 雜貨在地下室。
□□□ **canvas** ['kænvəs]	名 帆布，油畫
	Behind the canvas they found a key and a note. 在油畫後面，他們找到了一把鑰匙和一張便條。
□□□ **railway** ['rel,we]	名 鐵路，鐵道，鐵路公司
	Next to the railway is the house we used to live in. 在鐵路旁的是我們以前住的房子。

8　假設語的倒裝

與現在（或過去）事實相反的假設語，都可以省略 if，變成倒裝的句子，從《If + S + had (not) + p.p.》變成《Had + S (not) + p.p.》，或是從《If it + were not + for + 名詞》變成《Were + it + not for + 名詞》。

單字＋文法一起學！

□□□ **economy** [ɪˈkɑnəmɪ]	名 經濟，節約，理財
	<u>Were it not for my wife's economy</u>, we couldn't save so much money. 如果不是我老婆的節儉，我們現在沒辦法存這麼多錢。
□□□ **immediate** [ɪˈmidɪɪt]	形 立刻的，直接的，馬上的
	<u>Were it not for her immediate aid</u>, I may have died from my injury. 如果不是她的急救，我現在可能就因為我的傷勢而死了。
□□□ **inadequate** [ɪnˈædəkwɪt]	形 不適當的，不充分的
	<u>Had he not helped,</u> our information would have been inadequate. 當時若沒有他的幫忙，我們的資訊就會顯得不充足。
□□□ **explorer** [ɪkˈsplorɚ]	名 探險家，探測者
	<u>Had it not been for the queen's support,</u> the explorers could not have made it. 當初若沒有女王的支持，探險家們就不可能成功了。
□□□ **dare** [dɛr]	動 敢於，膽敢　助動 敢，竟敢
	<u>Had she dared to speak in the meeting,</u> the conclusion might have been different. 當時如果她敢於在會議中發言，結論可能就不同了。

9　So…that…

常用的《so…that…》（如此…以致於…）句型，也常常以倒裝的形式出現，將《S → be → so → 形容詞》的順序變成《So → 形容詞 → be》的句法。其中 so 也可以換成 such 喔！只不過句子就要變成《Such → be → one's → 名詞》的模式喔！

單字＋文法一起學！

□□□ **bravery** [ˈbrevərɪ]	名 勇氣，勇敢
	<u>Such was her bravery that</u> we all admired her. 她是如此的勇敢，以致於我們都很仰慕她。

□□□ **breeze** [briz]	名 微風，和風　動 微風吹拂
	<u>So</u> gentle was the breeze <u>that</u> I began to feel sleepy. 風是如此的柔和，以致於我開始有點睡意了。
□□□ **pessimistic** [ˌpɛsəˈmɪstɪk]	形 悲觀的，悲觀主義的
	<u>Such</u> is his pessimistic attitude <u>that</u> he can't make himself happy. 他是如此的悲觀，以致於他無法讓自己快樂。
□□□ **imitation** [ˌɪməˈteʃən]	名 模仿，冒充，效法
	<u>Such</u> were his imitations <u>that</u> the audience laughed with big applause. 他的模仿是這麼地棒，以致於觀眾不但大笑，也大大地鼓掌。
□□□ **mysterious** [mɪsˈtɪrɪəs]	形 神秘的，不可思議的
	<u>So</u> mysterious are the crop circles <u>that</u> some people are scared of going there. 麥田圈是如此地神秘，以致於有些人會害怕去那裡。

MEMO

14

字首與字尾

　英文的單字，常常是有跡可循的。許多字首、字尾都有他們固定的含意，因此即使是看到一個陌生的單字，也有可能根據他們的字首、字尾來推測出它們的意義！熟識常見的字首和字尾，不僅能更容易看懂句子，也可以幫助記憶喔！

1　名詞字尾 (1) - ism

　常見的名詞字根 -ism，常常是用來表示「主義」、「體系」等符合某些特定表徵和特質的群體，常常拿來討論的 racism（種族主義）、heroism（英雄主義）等，都是典型的例子。

單字＋文法一起學！

□□□ **symbolize** [ˈsɪmbḷ͵aɪz]	動 象徵，使用符號
	The Star of David symbolizes Judaism. 大衛之星象徵猶太教。
□□□ **capitalism** [ˈkæpətḷ͵ɪzəm]	名 資本主義
	Today, more and more countries are adopting capitalism. 現在越來越多的國家接受了資本主義。
□□□ **criticism** [ˈkrɪtə͵sɪzəm]	名 批評，評論
	Constructive criticism should always be given to help people to improve. 給予有建設性的評語，應該是為了幫助他人進步。
□□□ **horror** [ˈhɔrɚ]	名 驚駭，恐怖
	The Americans have been haunted by the horror of terrorism. 美國人一直受恐怖主義的可怕所苦。
□□□ **tourism** [ˈtʊrɪzəm]	名 旅遊，觀光
	The tourism industry has really picked up in the last few years. 過去幾年觀光業的景氣的確有好轉。

2 名詞字尾 (2) -ist

常用名詞字尾 -ist 代表的是「人」，也就是符合前半段字彙所描述的事物的「執行或信奉…者」、「相關人物」等。像是常見的 scientist（科學家），不就是「研究科學（science）的人」嗎？

單字＋文法一起學！

□□□ **capitalist** [ˈkæpətl̩ɪst]	名 資本家，資本主義者 形 資本主義的
	David is a <u>capitalist</u> of Taiwan. 大衛是一個台灣的資本家。
□□□ **tourist** [ˈtʊrɪst]	名 遊客，觀光客
	There are too many <u>tourists</u> here. 這裡有太多觀光客了。
□□□ **cyclist** [ˈsaɪklɪst]	名 自行車騎士
	Lance Armstrong is a world-champion <u>cyclist</u>. 蘭斯・阿姆斯壯是世界冠軍級的自行車手。
□□□ **naturalist** [ˈnætʃərəlɪst]	名 自然主義者，博物學者
	Jamie only eats organic foods because she's a <u>naturalist</u>. 詹米只吃有機食物，因為她是自然主義者。
□□□ **novelist** [ˈnɑvlɪst]	名 小說家，作家
	Jane Austin is considered one of the most important <u>novelists</u> ever. 珍奧斯汀被認為是有史以來最重要的小說家之一。

3 名詞字尾 (3) -er、-or

想要表示「做…的人」的意思，就會常用到 -er、-or 這兩個字尾，前面總是搭配動詞，結合後成為「做此動作的人」的意思。例如 teacher，不就是教書（teach）的人嗎？

單字＋文法一起學！

□□□ **follower** [ˈfɑlowɚ]	名 追隨者，屬下
	Leo is a <u>follower</u> of Jesus Christ. 李奧是耶穌基督的追隨者（門徒）。
□□□ **instructor** [ɪnˈstrʌktɚ]	名 教師，講師，指導書
	My swimming <u>instructor</u> is very helpful. 我的游泳教練對我幫助不少。

□□□ **supporter** [sə'portə]	名 支持者，援助者
	He is a <u>supporter</u> of the right to bear arms. 他是人民擁有攜帶武器權利的支持者。
□□□ **supervisor** [ˌsupə'vaɪzə]	名 監督人，管理人
	My <u>supervisor</u> is a very reasonable man. 我的督導是個非常講理的人。
□□□ **hiker** ['haɪkə]	名 健行者，徒步旅行者
	The <u>hikers</u> spent weeks in the mountains. 登山客在山區裡待了數週。

4 名詞字尾 (4) -ian

-ian 身兼名詞字根和形容詞字根兩種角色。當名詞時，象徵「…的人」的意思，而當形容詞時，則表示「…的」之意。像是 Brazil（巴西）→ Brazilian（巴西人／巴西的），就是最簡單的例子。

單字＋文法一起學！

□□□ **Christian** ['krɪstʃən]	形 基督教的，基督精神的，高尚的　名 基督徒，正派的人
	Jim is a very devoted <u>Christian</u>. 吉姆是一位虔誠的基督教徒。
□□□ **comedian** [kə'midɪən]	名 喜劇演員，丑角人物
	Adam Sandler is my favorite <u>comedian</u>. 亞當山德勒是我最喜歡的喜劇演員。
□□□ **historian** [hɪs'torɪən]	名 歷史學家，史家
	The museum curator is a famous <u>historian</u>. 博物館館長是一位知名的歷史學家。
□□□ **guardian** ['gardɪən]	名 監護人，保護人
	A <u>guardian</u> angel must be watching over me. 守護天使一定在看顧著我。
□□□ **electrician** [ˌɪlɛk'trɪʃən]	名 電學家，電氣工
	The <u>electrician</u> came over and installed a light. 電工來這裡安裝電燈。

5 名詞字尾 (5) -ness

只要看到 -ness 結尾，八九不離十就是一種「抽象名詞」，關括感情、關係、病痛等事物。

單字＋文法一起學！

□□□ **illness** ['ɪlnɪs]	名 疾病，生命
	She died from a chronic <u>illness</u>. 她因為慢性病而死亡。
□□□ **wilderness** ['wɪldənɪs]	名 荒野，荒地
	We hiked around in the <u>wilderness</u> for weeks. 我們在荒野長途跋涉了好幾個星期。
□□□ **sickness** ['sɪknɪs]	名 生病，嘔吐
	The <u>sickness</u> has caused him to feel tired all of the time. 生病使他總是很疲倦。
□□□ **kindness** ['kaɪndnɪs]	名 仁慈，友善，和藹
	The host family treated us with <u>kindness</u> and hospitality. 接待家庭親切殷勤地招待我們。
□□□ **loneliness** ['lonlɪnɪs]	名 孤獨，寂寞
	The old man was overwhelmed with <u>loneliness</u> after the death of his dog. 他的狗死後，老男人極為孤單。

6 名詞字尾 (6) -ship

別誤會，-ship 這個字尾和「船隻」可沒有甚麼關係喔！而是表示「資格」、「關係」、「身分」等意思，例如 championship（冠軍資格），就是 champion 結合 -ship 的結果呢。

單字＋文法一起學！

□□□ **membership** ['mɛmbɚʃɪp]	名 會員資格
	There is a NT$5,000 <u>membership</u> fee to join the club. 加入社團要五千元台幣的會費。
□□□ **partnership** ['partnɚʃɪp]	名 合夥，合股
	They are entering into a <u>partnership</u> to open a new business. 他們合夥成立新公司。

□□□ **sportsmanship** [ˈsportsmənˌʃɪp]	名 運動員精神，運動道德
	It's important to have good <u>sportsmanship</u> when competing. 比賽時有良好的運動精神是很重要的。

□□□ **hardship** [ˈhardʃɪp]	名 辛苦，苦難；艱難
	We have experienced many <u>hardships</u> over the past few years. 我們在過去數年內經歷了許多苦難。

□□□ **ownership** [ˈonɚˌʃɪp]	名 所有權，所有者
	The landowners went to court to battle over <u>ownership</u> of the land. 地主們去法院爭奪土地所有權。

7　名詞字尾 (7) -tion

看到 -tion 結尾，差不多百分之百可以確定是名詞囉！配合前面的動詞，這樣的組合字通常象徵一種「總稱」。

單字＋文法一起學！

□□□ **competition** [ˌkampəˈtɪʃən]	名 競爭，角逐
	I've entered the city-wide speech <u>competition</u>. 我晉級了全國性的演講比賽。

□□□ **combination** [ˌkambəˈneʃən]	名 聯合體，結合物
	This drink is a <u>combination</u> of different fruit juices. 這杯飲料由各種不同的果汁混合而成的。

□□□ **concentration** [ˌkansɛnˈtreʃən]	名 集中，專注
	The neighbor's loud music keeps disturbing my <u>concentration</u>. 鄰居大聲的音樂不斷地影響我的專注力。

□□□ **classification** [ˌklæsəfəˈkeʃən]	名 分類，分級
	We need to design a <u>classification</u> system to organize these papers. 我們必須設計一套分類系統，來組織這些文件。

□□□ **communication** [kəˌmjunəˈkeʃən]	名 傳達，交流，通訊
	The Internet provides us with many convenient means of <u>communication</u>. 網路提供了我們許多方便的聯絡及交流方法。

8 名詞字尾 (8) -sion

和 -tion 相當類似的 -sion，在功能上也是一樣的，是象徵「總稱」、「概念」的一種名詞字尾。

單字＋文法一起學！

□□□ **expression** [ɪkˈsprɛʃən]	名 表達，措辭，語法；表情
	He's got a silly <u>expression</u> on his face. 他臉上表現出愚蠢的表情。
□□□ **expansion** [ɪkˈspænʃən]	名 擴充，膨脹
	The highway <u>expansion</u> project took three years to complete. 高速公路擴展計畫花了三年才完成。
□□□ **confusion** [kənˈfjuʒən]	名 混亂，混淆，困惑
	In order to avoid <u>confusion</u>, everyone needs to read the handout. 為了避免混淆，每個人都必須閱讀這份傳單。
□□□ **impression** [ɪmˈprɛʃən]	名 印象，意念
	The way she handled the situation left a deep <u>impression</u> upon me. 我對她處理狀況的方法，留下深刻的印象。
□□□ **explosion** [ɪkˈsploʒən]	名 爆發，爆炸
	There was a massive <u>explosion</u> that killed hundreds of people yesterday. 昨天發生一場大爆炸，造成數百人死亡。

9 名詞字尾 (9) -ment

名詞字尾 -ment 表示「…的結果」、「…的方法或活動」的意思，像是 manage → management、require → requirement 等變化。

單字＋文法一起學！

□□□ **settlement** [ˈsɛtḷmənt]	名 殖民，定居；(結束爭端的)協定，庭外和解
	The two sides finally reached a <u>settlement</u>. 雙方終於達成和解。
□□□ **amusement** [əˈmjuzmənt]	名 樂趣，娛樂
	We are going to an <u>amusement</u> park this weekend. 我們這個週末要去遊樂園玩。

□□□ **arrangement** [əˈrendʒmənt]	名 安排，排列
	I've made <u>arrangements</u> to be picked up at eight o'clock. 我安排了一個要在八點整開始進行的計畫。

□□□ **management** [ˈmænɪdʒmənt]	名 經營，管理
	His new book reveals the importance of time <u>management</u>. 他的新書闡述了時間管理的重要性。

□□□ **requirement** [rɪˈkwaɪrmənt]	名 需求，要求
	You must make your <u>requirements</u> clear at the very beginning. 你一定要在一開始就清楚說明你的要求。

10　名詞字尾 (10) -cy

14-10

常常與名詞或形容詞結合成名詞的 -cy，象徵「狀態」、「性質」等意思。

單字＋文法一起學！

□□□ **tendency** [ˈtɛndənsɪ]	名 趨勢，傾向
	He has a <u>tendency</u> to overwork himself. 他有工作過度的傾向。

□□□ **emergency** [ɪˈmɝdʒənsɪ]	名 緊急事件，緊急狀況
	We are in a national state of <u>emergency</u>. 我們正處於全國緊急狀態中。

□□□ **pregnancy** [ˈprɛgnənsɪ]	名 懷孕，豐富
	<u>Pregnancy</u> is a difficult and tiring process. 懷孕是辛苦而疲憊的過程。

□□□ **frequency** [ˈfrikwənsɪ]	名 頻率，發生次數
	The <u>frequency</u> of her absences have increased. 她缺席的頻率增加了。

□□□ **accuracy** [ˈækjərəs]	名 正確，準確
	He answered all of the questions with incredible <u>accuracy</u>. 他以一種不可思議的準確度，回答了所有的問題。

名詞字尾 (11) 學科

 14-11

表示「學科、學門」的字尾有很多種，包括 -ology、-ics、-ry、-my 等，看過一次就把它們記起來吧！

單字＋文法一起學！

□□□ **economics** [ˌikə'namɪks]	名 經濟學
	Macro-<u>economics</u> is a complex subject. 總體經濟學是一門複雜的科目。
□□□ **psychology** [saɪ'kalədʒɪ]	名 心理學，心理狀態
	Have you ever heard of color <u>psychology</u>? 你聽過色彩心理學嗎？
□□□ **electronics** [ɪlɛk'tranɪks]	名 電子學
	I don't know the first thing about <u>electronics</u>. 我對電子學一竅不通。
□□□ **chemistry** ['kɛmɪstrɪ]	名 化學，化學性質
	She wasn't able to pass <u>chemistry</u> this semester. 她這個學期的化學無法及格了。
□□□ **politics** ['palətɪks]	名 政治，政治學，政見
	I don't like discussing <u>politics</u> because everyone gets too worked up. 我不喜歡討論政治，因為大家會變得太過於激動。

12 形容詞字尾 (1) -ary

14-12

搭配名詞，-ary 字尾可以組合成形容詞或是名詞，其中以形容詞最常見，表示「有關…的」的意思，像是 literary 就表示「與文學（literature）有關的」的意思。

單字＋文法一起學！

□□□ **contrary** ['kantrɛrɪ]	形 相反的，對立的
	<u>Contrary</u> to popular belief, he is a nice man. 與現在眾所周知的相反，他是個非常好的人。
□□□ **literary** ['lɪtəˌrɛrɪ]	形 文學的，文藝的
	The *Iliad* is my favorite piece of <u>literary</u> work. 伊里亞德是我最喜愛的文學作品。

□□□ **primary** [ˈpraɪˌmɛrɪ]	形 主要的；基本的
	Our primary concern is the safety of the children. 我們主要關心的問題是兒童安全。
□□□ **voluntary** [ˈvɑlənˌtɛrɪ]	形 自動的，主動的，自願的
	The business dinner is voluntary; you don't have to go if you don't want to. 這商務晚餐會是自願參加，你如果不想去，可以不要去。
□□□ **revolutionary** [ˌrɛvəˈluʃənˌɛrɪ]	形 革命的，革命性的
	The invention of the Internet was a revolutionary change in human history. 網路的發明是人類史上一個革命性的改變。

13 形容詞字尾 (2) -ous

形容詞字尾 -ous 表示「有…的性質」的意思，像是 vigour（精力）→ vigorous（精力旺盛的）、ambition（野心）→ ambitious（有野心的）、anxiety（焦慮）→ anxious（焦慮的）等都是實例。

單字＋文法一起學！

□□□ **anxious** [ˈæŋkʃəs]	形 焦慮的，掛念的
	I feel very anxious about the job interview. 我對這個工作的面試感到極為焦慮不安。
□□□ **vigorous** [ˈvɪgərəs]	形 精力旺盛的，健壯的
	Paul is a very vigorous and focused worker. 包爾是一位精力充沛而且專注的工作者。
□□□ **unconscious** [ʌnˈkɑnʃəs]	形 無意識的，沒知覺的
	The man fell down unconscious after I punched him. 我揍了他之後，他就昏倒了。
□□□ **ambitious** [æmˈbɪʃəs]	形 有雄心的
	Ben does well in school because he's very ambitious. 班因為抱有雄心壯志，而在學校表現得很好。
□□□ **numerous** [ˈnjumərəs]	形 很多的，多數的
	There are numerous reasons why I don't think this is wise. 有很多原因讓我覺得這不是個明智之舉。

形容詞字尾 (3) -cal

14-14

形容詞字尾 -cal 其實就是 -al 的延伸，配合前面的名詞，表示「…相關的」的意思，像是 medicine（醫學）→ medical（醫學的）。

單字＋文法一起學！

□□□	形 典型的，代表性的；特有的，特色
typical ['tɪpɪkḷ]	The way he is acting is very <u>typical</u> for him. 這是他特有的舉止。
□□□	形 數學的，精確的
mathematical [,mæθə'mætɪkḷ]	I just don't like solving <u>mathematical</u> equations. 我就是不喜歡解數學方程式。
□□□	形 電的，用電的
electrical [ɪ'lɛktrɪkḷ]	The house burned down due to an <u>electrical</u> fire. 由於電器走火，導致房子被燒毀了。
□□□	形 魔術的，魔幻的
magical ['mædʒɪkḷ]	*Harry Potter* is a <u>magical</u> story about a young wizard. 哈利波特一書是關於一位年輕巫師的神奇故事。
□□□	形 批評的，批判的
critical ['krɪtɪkḷ]	The professor encourages us to develop our <u>critical</u> thinking skills. 教授鼓勵我們提升批判性思維的技巧。

15

形容詞字尾 (4) -ic

14-15

最常見的形容詞字尾之一就是 -ic 了。前面通常是名詞，加上 -ic 變成「…的」的意思。有時候因為單字字尾的關係，在和 -ic 組合的時候會增減一些字母以利發音，不過通常還是可以看出來原本的字根是什麼喔！

單字＋文法一起學！

□□□	形 悲慘的，悲劇的
tragic ['trædʒɪk]	That is a <u>tragic</u> story. 那是個悲慘的故事。
□□□	名 酒精中毒的人，酒鬼 形 酒精的，含酒精的
alcoholic [,ælkə'hɔlɪk]	He can't keep a job because he's an <u>alcoholic</u>. 因為他是個酒鬼，所以一直無法保住工作。

□□□ **academic** [ˌækəˈdɛmɪk]	形 學術的，理論的
	Dong Hai University is an <u>academic</u> institution. 東海大學是一個學術機構。
□□□ **systematic** [ˌsɪstəˈmætɪk]	形 有系統的，分類的
	They have a very <u>systematic</u> way of dealing with this kind of problem. 他們以極有系統的方式處理這類問題。
□□□ **sympathetic** [ˌsɪmpəˈθɛtɪk]	形 有同情心的，贊成的，合意的
	The judge wasn't <u>sympathetic</u> when the criminal tried to explain his actions. 當罪犯試圖解釋他的行為時，法官並不表示同情。

16 形容詞字尾 (5) -less

放在尾巴的否定詞 -less，表示「沒有⋯」的意思，前面總是名詞，結合後變成「沒有⋯的」這樣的形容詞。有時候還會在以結合後的形容詞加上 -ly 變成副詞喔！

單字＋文法一起學！

□□□ **useless** [ˈjuslɪs]	形 無用的，無效的
	This thing is <u>useless</u> to me if it's broken. 若是壞了，這東西對我來說就毫無價值了。
□□□ **stubborn** [ˈstʌbən]	形 頑固的，倔強的
	It is <u>meaningless</u> to be stubborn over this matter. 對這件事這麼堅持，實在很沒意義。
□□□ **powerless** [ˈpauəlɪs]	形 無力的，無權的
	She cried because she was <u>powerless</u> to change the situation. 她哭了，因為她無力改變情況。
□□□ **worthless** [ˈwɝθlɪs]	形 無價值的，無益的
	I felt <u>worthless</u> after my boss yelled at me in front of everyone. 老闆當著眾人面前對我咆哮，讓我覺得自己很沒用。
□□□ **restless** [ˈrɛstlɪs]	形 不安寧的，不平靜的
	He was <u>restless</u> while waiting for the results of the examination. 他焦躁不安地等待考試成績的公佈。

17 形容詞字尾 (6) -able

還記得《be able + to + V》這個句型嗎？ Able 本身就表示「有能力做…」的意思，因此變成字尾的時候，可以用來對前半段的字彙表示肯定、允許、有能力如此等意義，變成「可以…的」的意思喔！

單字＋文法一起學！

□□□ **imaginable** [ɪˈmædʒɪnəbl]	形 可能的，想像得到的
	They had the best vacation <u>imaginable</u>. 他們度過了一個所能想像到的最愉快的假期。

□□□ **inevitable** [ɪnˈɛvətəbl]	形 不可避免的，必然的
	I hate to admit it, but defeat is <u>inevitable</u>. 我真不願承認，但失敗確實是無可避免的。

□□□ **dependable** [dɪˈpɛndəbl]	形 可靠的，可信任的
	I like working with him because he's very <u>dependable</u>. 我喜歡跟他工作，因為他非常可靠。

□□□ **durable** [ˈdjʊrəbl]	形 耐用的，持久的
	This brand is more expensive, but it's also more <u>durable</u>. 這牌子比較貴，但也比較耐用。

□□□ **honorable** [ˈɑnərəbl]	形 可敬的，光榮的
	The <u>honorable</u> student didn't cheat when he had the opportunity. 那位可敬的學生有機會作弊卻沒這麼做。

18 動詞字尾 (1) -ize

動詞字尾 -ize 象徵「把事物…化」、「把事物變成…」的意思，例如表示記憶的 memorize，不就是要把事物變成記憶（memory）嗎？

單字＋文法一起學！

□□□ **sympathize** [ˈsɪmpəˌθaɪz]	動 同情，憐憫
	I can <u>sympathize</u> with you in your situation. 我能理解你的情況。

□□□ **specialized** [ˈspɛʃəlˌaɪzd]	形 專門的，專業的
	This hospital offers <u>specialized</u> care for cancer patients. 這家醫院提供癌症病患特別的照顧。

□□□ **summarize** ['sʌmə,raɪz]	動 作總結，總括
	Can you please <u>summarize</u> the main points of the meeting? 你能否總結會議的主要重點？

□□□ **civilize** ['sɪvə,laɪz]	動 使文明，使開化
	Foreign explorers helped to <u>civilize</u> that area of the world. 外來的探險者幫助開化啟迪了那個地區。

□□□ **memorize** ['mɛmə,raɪz]	動 記住，記下，記錄
	I have to <u>memorize</u> forty vocabulary words before tomorrow. 我明天以前得背完四十個單字。

19 動詞字尾 (2) -fy (-ify)

動詞字尾 -fy 表示「使事物變成⋯」的意思，配合前面的名詞，成為「讓⋯變成⋯」的動詞，例如 clarify（澄清）就是要把事情變得「清晰」（clarity）的意思。

單字＋文法一起學！

□□□ **clarify** ['klærə,faɪ]	動 澄清，闡明
	Could you please <u>clarify</u> what you just said? 可以請你把你剛剛説的話講清楚一點嗎？

□□□ **identify** [aɪ'dɛntə,faɪ]	動 認同，識別，認明
	Can you <u>identify</u> the man who stole your purse? 你可以認出偷你錢包的男人嗎？

□□□ **intensify** [ɪn'tɛnsə,faɪ]	動 加強，強化
	The tension between the two countries has <u>intensified</u>. 兩國之間的緊張關係加劇了。

□□□ **qualify** ['kwɑlə,faɪ]	動 具有資格，合格，限定
	Do I <u>qualify</u> for any type of scholarship or financial aid? 我有資格申請任何獎學金或費用補助嗎？

□□□ **horrify** ['hɔrə,faɪ]	動 使恐懼，使驚懼
	She looked <u>horrified</u> when you jumped out and startled her. 當你跳出來嚇她的時候，她看起來很害怕。

20 動詞字尾 (3) -en

14-20

動詞字尾 -en 與前面名詞搭配，表示「使事物有…的性質」的意思，像是 weaken（削弱），不就是「使事物變得虛弱（weak）」的意思嗎？

單字＋文法一起學！↘

□□□ **strengthen** [ˈstrɛŋθən]	動 加強，變強大
	Swimming <u>strengthens</u> your entire body. 游泳會增強你全身的體能。
□□□ **tighten** [ˈtaɪtn̩]	動 使變緊，繃緊
	I need a wrench so I can <u>tighten</u> this bolt. 我需要扳手好拴緊這個螺絲。
□□□ **harden** [ˈhɑrdn̩]	動 變硬，使堅強，使冷酷
	As the temperature dropped, the liquid <u>hardened</u>. 溫度下降時，液體變硬了。
□□□ **shorten** [ˈʃɔrtn̩]	動 弄短，減少，縮短
	We decided to <u>shorten</u> our stay at the resort due to the typhoon. 由於颱風，我們決定縮短在渡假村的行程。
□□□ **lengthen** [ˈlɛŋθən]	動 加長，延長
	The woman went to the tailor to see about getting her skirt <u>lengthened</u>. 那女士到了裁縫那裡，看看要不要把裙子加長。

21 形容詞、名詞字尾 -ive

14-21

同時為名詞和形容詞字尾的 -ive 表示「有…特質的」、「有…傾向的」之意。像是動詞 alter（交替）就變成了 alternative（交替的、替代選擇）。

單字＋文法一起學！↘

□□□ **alternative** [ɔlˈtɝnətɪv]	形 替代的，二擇一的，另類的 名 二擇一，選擇
	Is there an <u>alternative</u> plan? 有替代的方案嗎？
□□□ **progressive** [prəˈgrɛsɪv]	形 前進的，改革的，進步的 名 改革論者，進步論者
	This is a small country with a <u>progressive</u> economy. 這是一個經濟發展中的小國。

□□□ **objective** [əbˈdʒɛktɪv]	形 客觀的，受詞的，外在的 名 受格，客體，目的
	Those were <u>objective</u> opinions from other group members. 那些是其他組員的客觀意見。
□□□ **sensitive** [ˈsɛnsətɪv]	形 敏感的，神經質的
	Be careful about what you say to her because she's overly <u>sensitive</u>. 你跟她說話時要小心，因為她太敏感了。
□□□ **primitive** [ˈprɪmətɪv]	形 原始的，上古的
	The archeologists uncovered ancient artifacts from a <u>primitive</u> civilization. 考古學家從某個上古文明中，發掘出古老的工藝品。

22 否定字首 (1) Un-

 14-22

常用在形容詞或副詞中，並且表示否定的就是 un- 囉！例如 expected（預期的）→ unexpected（預期之外的）、known（已知的）→ unknown（未知的）等。

單字＋文法一起學！

□□□ **unexpected** [ˌʌnɪkˈspɛktɪd]	形 意外的，料想不到的
	Your surprise visit was <u>unexpected</u>. 你的突然造訪，令人感到意外。
□□□ **unbelievable** [ˌʌnbɪˈlivəbl̩]	形 不可置信，難以置信的
	The way he treated me was <u>unbelievable</u>! 他對待我的方式，令人無法置信！
□□□ **unknown** [ʌnˈnon]	形 未知的，陌生的
	The author of this ancient text is <u>unknown</u>. 這篇古文的作者不詳。
□□□ **unfortunate** [ʌnˈfɔrtʃənɪt]	形 不幸的，不吉利的
	It's <u>unfortunate</u> that you couldn't stay longer. 你無法待久一點，真令人遺憾。
□□□ **unusual** [ʌnˈjuʒʊəl]	形 不尋常的，罕見的
	It is quite <u>unusual</u> for it to be this cool in June. 六月天，天氣這麼冷，真是異常。

23

否定字首 (2) Dis-

14-23

帶有否定意味的字首中，其中一個就是 dis-，常常表示對於後半段字彙意義的否定，名詞、形容詞、動詞等都常看到它的蹤跡。

單字＋文法一起學！

□□□ **disconnect** [ˌdɪskəˈnɛkt]	動 切斷，分離
	I think our phone has been <u>disconnected</u>. 我想我們的電話被斷線了。
□□□ **disabled** [dɪsˈeblˌd]	形 傷殘的，有缺陷的
	Today, public places must have facilities for the <u>disabled</u>. 現在，公共場所必須設置殘障人士專用設施。
□□□ **disapprove** [ˌdɪsəˈpruv]	動 不贊成，不同意
	The finance department <u>disapproved</u> of our financial plan for the year. 財務部沒有核准我們的年度財務計畫。
□□□ **disadvantage** [ˌdɪsədˈvæntɪdʒ]	名 不利條件，損失
	Playing away from home usually puts a team at a <u>disadvantage</u>. 在外地比賽通常會讓一個隊伍陷入劣勢之中。
□□□ **dissatisfaction** [ˌdɪssætɪsˈfækʃən]	名 不滿，不平
	I quit my job because of the <u>dissatisfaction</u> of doing the same thing every day. 我辭職是因為不滿每天做同樣的事。

否定字首 (3) Mis-

14-24

另一個否定字根 mis-，則帶有「錯誤」的意思，和單純的「不…」有些不同喔！像是 lead（引導）→ mislead（誤導），understand（了解）→ misunderstand（誤解）等。

單字＋文法一起學！

□□□ **mislead** [mɪsˈlid]	動 誤導
	The media often <u>misleads</u> the general public. 媒體經常誤導大眾。

□□□ **misunderstand** [ˈmɪsʌndəˈstænd]	動 誤解，誤會
	I think you've <u>misunderstood</u> what I've been saying. 我認為你誤會了我說的話。
□□□ **mischief** [ˈmɪstʃɪf]	名 傷害；胡鬧，惡作劇
	The boys got themselves into <u>mischief</u> last night. 男孩們昨晚又在搗蛋了。
□□□ **postman** [ˈpostmən]	名 郵差
	The postman <u>misplaced</u> the letter in the mailbox next door. 郵差把信放錯在隔壁的信箱裡了。
□□□ **misfortune** [mɪsˈfɔrtʃən]	名 不幸，災禍
	We have experienced the <u>misfortune</u> of a tropical storm. 我們經歷過熱帶風暴的災難。

25 否定字首 (4)

 14-25

除了前面提到的幾個 un-，以下再列出幾個常用來表示否定意義的字根。但要記得喔！並不是所有以這些字首開頭的單字，都可以這樣來解釋的，例如 important 表示「重要」，可是 personal（個人的）→ impersonal 卻表示「非個人的」呢！

單字＋文法一起學！

□□□ **abnormal** [æbˈnɔrml̩]	形 反常的，例外的
	Not coming to the meeting is <u>abnormal</u> for him. 他沒有出席會議，是很反常的一件事。
□□□ **irregular** [ɪˈrɛgjələ]	形 不規則的，不合規定的
	The weather here is quite <u>irregular</u> for a midsummer day. 以仲夏來說，這裡的天氣變化極不穩定。
□□□ **impersonal** [ɪmˈpɝsn̩l̩]	形 客觀的，非個人的
	The service at this hospital seems very <u>impersonal</u>. 這家醫院的服務看起來很不近人情。
□□□ **inconvenient** [ˌɪnkənˈvinjənt]	形 不方便的，困難的
	Getting a flat tire on the way here was very <u>inconvenient</u>. 在往這裡的路上，車子爆胎，實在很不方便。
□□□ **informal** [ɪnˈfɔrml̩]	形 非正式的，通俗的，不拘禮的
	You can wear whatever you'd like because tonight's event is <u>informal</u>. 你可以隨意打扮，因為今晚的活動是非正式的。

常用字首 (1) re- 和 pre-

常見並且只相差一字的 re- 和 pre- 兩個字首，分別表示「重複」和「預先」的意思，常常是動作的修飾詞。

單字＋文法一起學！

□□□ **remove** [rɪˈmuv]	動 移開，搬開
	Would you please <u>remove</u> that sofa? 能不能請你把那張沙發移走？
□□□ **restore** [rɪˈstor]	動 恢復，修復
	The man apologized in order to <u>restore</u> their friendship. 這男人道歉，為的是要修復他們的友誼。
□□□ **predict** [prɪˈdɪkt]	動 説預言，預報，預料
	The fortuneteller <u>predicted</u> that I would get married this year. 算命師算我今年會結婚。
□□□ **preview** [ˈpri.vju]	名 預習，預看 動 預習，預演
	It will be better if you both <u>preview</u> and review your textbook. 如果你預習並且複習你的課本，會比較好。
□□□ **reunite** [.riju.naɪt]	動 再結合，再聯合
	The man was <u>reunited</u> with his son after thirty years of being apart. 這男人與他兒子分離了三十年後重聚了。

27

常用字首 (2) Over-

Over 在當作介係詞使用時，原本就可以用來説明「越過…上方」、「超越（數量、程度）」的意思，因此變成字首的時候，也帶有同樣的意味喔！

單字＋文法一起學！

□□□ **overflow** [.ovəˈflo]	動 泛濫，淹沒 名 溢出，泛濫
	The lake <u>overflowed</u> due to the torrential rains. 由於豪雨，湖水氾濫。
□□□ **overthrow** [.ovəˈθro]	動 打倒，推翻
	The revolutionaries <u>overthrew</u> the tyrant king. 革命者推翻了暴君。

□□□ **overnight** [ˈovɚˈnaɪt]	副 整夜，在前一夜　形 整夜的，通宵的
	I sent the important package via <u>overnight</u> delivery. 我用隔夜抵達的送貨方式，寄出重要包裹。
□□□ **overweight** [ˈovɚˈwet]	形 過重的，超重的
	We had to pay extra because our baggage was <u>overweight</u>. 我們得額外付費，因為我們的行李超重了。
□□□ **overhead** [ˈovɚˈhɛd]	形 在頭上的，高架的　副 在頭上的，在高處的
	I left my bag inside the <u>overhead</u> compartment on the airplane. 我把我的袋子留在飛機座位上方的置物櫃裡了。

28　常用字首 (3) Trans-

14-28

Trans- 這個字根常代表「橫越」、「轉換」的意思，舉例來說，transplant（移植）這個字就是將另一件事物「轉換」（trans-）並且「植入」（plant）另一個地方的意思啊！

單字＋文法一起學！

□□□ **transfer** [trænsˈfɝ]	名 遷移，移動　動 轉移，調任
	We have to <u>transfer</u> at the next station. 我們得在下一站轉車。
□□□ **transplant** [trænsˈplænt]	名 移植，移居者　動 移居，遷移，移植
	He has to get a liver <u>transplant</u> in order to survive. 他必須接受肝移植才能存活。
□□□ **transform** [trænsˈfɔrm]	動 轉換，改變，變換
	That vacation <u>transformed</u> him into a happier person. 他渡完假變得更快樂了。
□□□ **translate** [trænsˈlet]	動 翻譯，轉化
	We need somebody to <u>translate</u> this into Mandarin. 我們需要一個人來把這個翻譯成中文。
□□□ **transportation** [ˌtrænspɚˈteʃən]	名 運輸，交通業
	Public <u>transportation</u> in this city is really convenient. 這個城市的大眾運輸系統非常方便。

其他常用字首

14-29

再補充以下幾個常用字首：sub-（…底下的）、non-（沒有…的）、mini-（微小的）、inter-（交互的）以及 co-（共同的、合作的）。

單字＋文法一起學！

□□□ **submarine** [ˈsʌbməˌrin]	名 潛艇，海底生物　形 海中的，生長在海中的
	Have you ever been in a <u>submarine</u> before? 你坐過潛水艇嗎？
□□□ **corporation** [ˌkɔrpəˈreʃən]	名 公司，法人，社團法人
	She works for a major cosmetics <u>corporation</u>. 她在一家大型的化妝品公司上班。
□□□ **minimum** [ˈmɪnəməm]	形 最小的，最低的　名 最小量
	They will pay me a <u>minimum</u> of $10,000 for the job. 這份工作他們最少會付我一萬元。
□□□ **interpret** [ɪnˈtɝprɪt]	動 解釋，詮釋，闡釋
	She didn't make herself clear, so let me <u>interpret</u> for you. 她自己無法說清楚，因此我來代替她解釋給你聽。
□□□ **non-stop** [nɑnˈstɑp]	形 繼續的，持續的　副 繼續地，持續地
	Our vacation was two weeks of <u>non-stop</u> fun and excitement. 我們連續過了兩週快樂又興奮的假期。

MEMO

□ **aboard** [əˈbord]
副 在船（交通工具）上，上（交通工具）

□ **acquire** [əˈkwaɪr]
動 取得，獲得

□ **absolutely** [ˈæbsəˌlutlɪ]
副 絕對地，完全地

□ **acre** [ˈekɚ]
名 英畝

□ **abstract** [ˈæbstrækt]
形 抽象的，難懂的 名 摘要，概要

□ **adjective** [ˈædʒɪktɪv]
名 形容詞 形 形容詞的

□ **acceptance** [əkˈsɛptəns]
名 接受，容忍

□ **administration** [ədˌmɪnəˈstreʃən]
名 行政，管理

□ **accepted** [əkˈsɛptɪd]
形 公認的，被接受的

□ **admission** [ədˈmɪʃən]
名 許可，入場券

□ **accidental** [ˌæksəˈdɛntl̩]
形 意外的，偶然的

□ **adopt** [əˈdɑpt]
動 過繼；採納，採用，批准

□ **accommodation** [əˈkɑməˈdeʃən]
名 適應，調節；住宿

□ **advertise** [ˈædvɚˌtaɪz]
動 廣告，宣傳

□ **accord** [əˈkɔrd]
動 調解，使一致 名 調和，一致

□ **afterwards** [ˈæftɚwɚdz]
副 之後，後來

□ **accustomed** [əˈkʌstəmd]
形 習慣的，慣常的

□ **agency** [ˈedʒənsɪ]
名 代理，仲介

□ **acid** [ˈæsɪd]
名 酸 形 酸的，酸味的

□ **agreeable** [əˈgriəbl̩]
形 適當的，適合的，令人愉快的

□ **acquaint** [əˈkwent]
動 介紹，使認識

□ **agriculture** [ˈægrɪˌkʌltʃɚ]
名 農業，農耕

□ **air-conditioned** [ˈɛrkənˌdɪʃənd]
形 調節空氣的

□ **ancestor** [ˈænsɛstɚ]
名 祖先，祖宗

□ **airmail** [ˈɛrˌmel]
名 航空郵件

□ **angle** [ˈæŋgl̩]
名 角度

□ **allergic** [əˈlɝdʒɪk]
形 過敏的

□ **anniversary** [ˌænəˈvɝsərɪ]
名 週年日，週年紀念日

□ **alley** [ˈælɪ]
名 小巷，小徑

□ **announcer** [əˈnaʊnsɚ]
名 播音員，播報員

□ **alongside** [əˈlɔŋˈsaɪd]
副 在旁邊

□ **annoyed** [əˈnɔɪd]
形 惱怒的，氣惱的

□ **altitude** [ˈæltəˌtjud]
名 高，高處，高度

□ **annoying** [əˈnɔɪɪŋ]
形 討厭的，惱人的

□ **aluminum** [ˌæljəˈmɪnɪəm]
名 鋁 形 鋁製的

□ **annual** [ˈænjʊəl]
形 一年一次的 名 年鑑，年刊

□ **ambition** [æmˈbɪʃən]
名 抱負，野心

□ **anxiety** [æŋˈzaɪətɪ]
名 焦慮，掛念

□ **amused** [əˈmjuzd]
形 感到有趣的、開心的

□ **anyhow** [ˈɛnɪˌhaʊ]
副 無論如何；總之

□ **amusing** [əˈmjuzɪŋ]
形 有趣的，好玩的

□ **ape** [ep]
名 猿類，大猩猩 動 模仿，學⋯的樣子

□ **analyst** [ˈænl̩ɪst]
名 分析師

□ **apparent** [əˈpærənt]
形 明顯的，顯見的

appeal [əˈpil]
名 呼籲，訴求 動 呼籲，求助

appliance [əˈplaɪəns]
名 器具，裝置

appoint [əˈpɔɪnt]
動 任命，指派

appointment [əˈpɔɪntmənt]
名 職位，任命

appreciation [əˌpriʃɪˈeʃən]
名 感謝

appropriate [əˈproprɪˌet]
形 適當的，恰當的

apron [ˈeprən]
名 圍裙

aquarium [əˈkwɛrɪəm]
名 水族箱，魚缸

arch [ɑrtʃ]
名 拱門，弓形 動 拱起，成弧形

architecture [ˈɑrkəˌtɛktʃɚ]
名 建築風格，建築樣式

arise [əˈraɪz]
動 上升，升起

arithmetic [əˈrɪθmətɪk]
名 算術，計算 形 算術的

armed [ɑrmd]
形 武裝的

arrival [əˈraɪvl]
名 到達，到來

arrow [ˈæro]
名 箭，箭號

artistic [ɑrˈtɪstɪk]
形 藝術的；有藝術天分的

ascend [əˈsɛnd]
動 上升，登高

ascending [əˈsɛndɪŋ]
形 上升的

ash [æʃ]
名 灰，灰燼

ashamed [əˈʃemd]
形 羞愧的，難為情的

aside [əˈsaɪd]
副 在旁邊，到旁邊

aspect [ˈæspɛkt]
名 方面；容貌；方位

□ **assassinate** [ə'sæsɪnˌet]
動 暗殺，刺殺

□ **atmosphere** ['ætməsˌfɪr]
名 大氣，大氣層

□ **assembly** [ə'sɛmblɪ]
名 集會，集合，與會者

□ **atom** ['ætəm]
名 原子

□ **asset** ['æsɛt]
名 資產，財產

□ **atomic** [ə'tɑmɪk]
形 原子的，原子能的

□ **assign** [ə'saɪn]
動 分配，指定

□ **attach** [ə'tætʃ]
動 裝上，附上

□ **assist** [ə'sɪst]
動 幫助，協助

□ **attain** [ə'ten]
動 獲得，實現，達到

□ **assistance** [ə'sɪstəns]
名 援助，幫助

□ **attraction** [ə'trækʃən]
名 吸引，吸引力

□ **association** [əˌsosɪ'eʃən]
名 協會，公會

□ **audio** ['ɔdɪˌo]
形 聽覺的，聲音的

□ **assurance** [ə'sʊrəns]
名 保證，信心

□ **authority** [ə'θɔrətɪ]
名 權力，權威

□ **astonished** [ə'stɑnɪʃt]
形 驚訝的，驚愕的

□ **autobiography**
[ˌɔtəbaɪ'ɑgrəfɪ]
名 自傳，自傳文學

□ **astronaut** ['æstrəˌnɔt]
名 太空人

□ **automatic** [ˌɔtə'mætɪk]
形 自動的，自動裝置的

□ **athletic** [æθ'lɛtɪk]
形 運動的，體育的

□ **automobile** ['ɔtəməˌbɪl]
名 汽車

□ **auxiliary** [ɔgˈzɪljərɪ]
名 助手，輔助者 形 輔助的

□ **awake** [əˈwek]
形 清醒的，醒著的 動 喚醒，意識到

□ **avenue** [ˈævəˌnju]
名 大街，大道

□ **awaken** [əˈwekən]
動 弄醒；引起

□ **await** [əˈwet]
動 等候，期待

□ **ax** [æks]
名 斧頭 動 消除；解雇

其他單字 Vocabulary

B　　　　　　　　　　　　　　　　　　　🎧15-2

□ **B.C.** [bi si]
名 西元前 同 Before Christ

□ **bait** [bet]
名 餌，圈套 動 引誘，誘惑

□ **babysitter** [ˈbebɪsɪtɚ]
名 保姆

□ **bald** [bɔld]
形 禿頭的，光禿的

□ **background** [ˈbækˌgraʊnd]
名 背景

□ **ballet** [ˈbæle]
名 芭蕾舞

□ **bacon** [ˈbekən]
名 培根肉

□ **ban** [bæn]
動 禁止，取締 名 禁止，禁令

□ **bacteria** [bækˈtɪrɪə]
名 細菌 單 bacterium

□ **bandage** [ˈbændɪdʒ]
名 繃帶 動 用繃帶包紮

□ **badly** [ˈbædlɪ]
副 拙劣地；非常地

□ **bang** [bæŋ]
名 猛擊，猛撞 動 砰砰作響，猛擊

□ **baggy** [ˈbægɪ]
形 鬆弛的

□ **bankrupt** [ˈbæŋkrʌpt]
形 破產的 動 破產

□ **bare** [bɛr]
形 裸露的，赤裸的 動 裸露，透露

□ **bead** [bid]
名 珠子，水珠 動 串成珠，用珠裝飾

□ **barely** ['bɛrlɪ]
副 幾乎沒有，僅僅

□ **beak** [bik]
名 鳥嘴

□ **bargain** ['bɑrgɪn]
名 協議，交易 動 達成協議

□ **beam** [bim]
名 橫樑，光線 動 笑容滿面，照射

□ **barn** [bɑrn]
名 穀倉，倉庫

□ **beast** [bist]
名 野獸

□ **barrel** ['bærəl]
名 大桶子，水桶

□ **bedtime** ['bɛd͵taɪm]
名 就寢時間 形 睡前的

□ **barrier** ['bærɪr]
名 障礙物，路障

□ **beg** [bɛg]
動 請求，懇求

□ **based** [best]
形 有根基的，有基礎的

□ **beggar** ['bɛgɚ]
名 乞丐，叫化子

□ **basin** ['besn̩]
名 臉盆，盆

□ **being** ['biɪŋ]
名 物，生物

□ **bathe** [beð]
動 浸入，浸洗

□ **believable** [bɪ'livəbl̩]
形 可信的

□ **battery** ['bætərɪ]
名 電池

□ **belly** ['bɛlɪ]
名 腹部，肚子

□ **bay** [be]
名 灣

□ **bend** [bɛnd]
動 彎曲，折彎 名 彎，彎腰

□ **beneficial** [ˌbɛnəˈfɪʃəl]
形 有助益的

□ **benefit** [ˈbɛnəfɪt]
名 利益，好處 動 使受益

□ **berry** [ˈbɛrɪ]
名 莓果，莓類

□ **bet** [bɛt]
名 打賭，賭金 動 打賭

□ **bid** [bɪd]
名 出價，投標 動 命令，吩咐

□ **bike** [baɪk]
名 腳踏車

□ **billion** [ˈbɪljən]
名 十億

□ **bin** [bɪn]
名 箱子，容器

□ **bind** [baɪnd]
動 捆綁

□ **bingo** [ˈbɪŋgo]
名 賓果

□ **biography** [baɪˈɑgrəfɪ]
名 傳記，傳記文學

□ **birth** [bɝθ]
名 出生，誕生

□ **biscuit** [ˈbɪskɪt]
名 小餅乾

□ **bleed** [blid]
動 流血，出血

□ **bless** [blɛs]
動 祈福，保佑 名 保佑

□ **blink** [blɪŋk]
動 眨眼睛 名 眨眼

□ **bloody** [ˈblʌdɪ]
形 流血的，血腥的

□ **bloom** [blum]
名 花 動 開花，生長茂盛

□ **blossom** [ˈblɑsəm]
名 花 動 開花，發展

□ **blush** [blʌʃ]
動 臉紅，發窘 名 臉紅，羞愧

□ **boast** [bost]
動 自誇，吹噓 名 吹牛

□ **bond** [bɑnd]
名 聯結，契約 動 作保，抵押

□ **bony** [ˈbonɪ]
形 似骨的，瘦骨如柴的

□ **bookshelf** [ˈbʊkˌʃɛlf]
名 書架，書櫃

□ **bookstore** [ˈbʊkˌstor]
名 書店

□ **boot** [but]
名 長靴，靴子 動 猛踢

□ **bore** [bor]
動 令人覺得無聊

□ **bounce** [baʊns]
動 反彈，彈跳 名 彈力，跳躍

□ **boyfriend** [ˈbɔɪˌfrɛnd]
名 男朋友

□ **bra** [brɑ]
名 胸罩

□ **bracelet** [ˈbreslɪt]
名 手鐲，臂鐲

□ **brake** [brek]
名 煞車 動 煞住，煞車，抑制

□ **brass** [bræs]
名 黃銅，黃銅色，銅器
形 黃銅製的，黃銅色的

□ **breast** [brɛst]
名 乳房，胸部 動 抵抗，承當

□ **breath** [brɛθ]
名 呼吸，氣息

□ **breathe** [brið]
動 呼吸，吸氣

□ **breed** [brid]
名 品種，種類

□ **bridegroom** [ˈbraɪdˌgrʊm]
名 新郎

□ **briefcase** [ˈbrifˌkes]
名 公事包

□ **brilliant** [ˈbrɪljənt]
形 明亮的；很棒的

□ **broke** [brok]
形 一文不值的，破產的

□ **brook** [brʊk]
名 小河，小溪

□ **broom** [brum]
名 掃帚

□ **brownie** [ˈbraʊnɪ]
名 布朗尼（巧克力蛋糕）

□ **browse** [brauz]
動 瀏覽，隨意翻閱　名 瀏覽

□ **bump** [bʌmp]
動 碰，撞　名 碰撞；隆起物

□ **brutal** ['brutl]
形 殘忍的，冷酷的

□ **bunch** [bʌntʃ]
名 串，束，群

□ **bubble** ['bʌbl]
名 氣泡，水泡　動 冒泡，沸騰

□ **bureau** ['bjʊro]
名 事務所，詢問處

□ **bud** [bʌd]
名 葉芽，花蕾　動 發芽

□ **burger** ['bɝgɚ]
名 漢堡

□ **buffalo** ['bʌfl͵o]
名 水牛

□ **bush** [bʊʃ]
名 灌木，灌木叢

□ **bulb** [bʌlb]
名 球莖；電燈泡

□ **butcher** ['bʊtʃɚ]
名 肉販，屠夫　動 屠宰，屠殺

□ **bull** [bʊl]
名 公牛

□ **buzz** [bʌz]
動 嗡嗡叫，嘰嘰響　名 嗡嗡聲，噪音聲

□ **bullet** ['bʊlɪt]
名 子彈，槍彈

其他單字 Vocabulary

C　🎧 15-3

□ **café** [kə'fe]
名 咖啡廳，飲食店

□ **camel** ['kæml]
名 駱駝

□ **calculator** ['kælkjə͵letɚ]
名 計算機

□ **canal** [kə'næl]
名 運河，渠道

□ **cane** [ken]
名 拐杖，手杖

□ **canoe** [kə'nu]
名 獨木舟，皮筏 動 划獨木舟

□ **canyon** ['kænjən]
名 峽谷

□ **capacity** [kə'pæsətɪ]
名 容量，能量

□ **cape** [kep]
名 斗篷，披肩

□ **capital** ['kæpətl̩]
名 資金

□ **capital** ['kæpətl̩]
名 首都，首府 形 首都，主要的

□ **caption** ['kæpʃən]
名 標題，字幕 動 下標題

□ **carbon** ['kɑrbən]
名 碳，副本

□ **cargo** ['kɑrgo]
名 貨物

□ **carriage** ['kærɪdʒ]
名 馬車

□ **cart** [kɑrt]
名 小車，手推車 動 運送，裝運

□ **carve** [kɑrv]
動 雕刻，刻

□ **cashier** [kæ'ʃɪr]
名 出納

□ **casual** ['kæʒʊəl]
形 非正式的，隨便的

□ **casualty** ['kæʒjʊəltɪ]
名 意外事故，意外

□ **catalog** ['kætələg]
名 目錄，型錄 動 編入目錄，登記

□ **caterpillar** ['kætəˌpɪlə]
名 毛毛蟲

□ **cattle** ['kætl̩]
名 牛，家畜

□ **cave** [kev]
名 洞穴，洞窟 動 塌坍，塌倒

□ **cease** [sis]
動 停止，結束 名 停息

□ **ceremony** ['sɛrəˌmonɪ]
名 儀式，典禮

□ **chain** [tʃən]
名 項鏈，鏈子 動 鏈住，拘禁

□ **challenge** [ˈtʃælɪndʒ]
名 挑戰，質疑 動 提出挑戰，提出異議

□ **chamber** [ˈtʃembɚ]
名 會場，會議室

□ **changeable** [ˈtʃendʒəbl]
形 善變的，不定的

□ **characteristic**
[ˌkærəktəˈrɪstɪk]
名 特性，特色 形 獨特的，特有的

□ **chat** [tʃæt]
動 閒聊，聊天 名 閒談，聊天

□ **check** [tʃɛk]
名 檢查，支票

□ **checkout** [ˈtʃɛkˌaut]
名 付款台，結帳離開時間

□ **cheek** [tʃik]
名 臉頰，厚臉皮

□ **cheerful** [ˈtʃɪrfəl]
形 愉快的，開心的，樂意的

□ **chemist** [ˈkɛmɪst]
名 化學家

□ **cherish** [ˈtʃɛrɪʃ]
動 珍愛，愛護，懷有

□ **cherry** [ˈtʃɛrɪ]
名 櫻桃，櫻桃樹 複 cherries

□ **chest** [tʃɛst]
名 胸膛，胸

□ **chew** [tʃu]
動 咀嚼，嚼 名 咀嚼，咀嚼物

□ **chick** [tʃɪk]
名 小雞，小鳥

□ **childbirth** [ˈtʃaɪldˌbɝθ]
名 分娩

□ **chill** [tʃɪl]
名 寒冷，風寒 形 冷的，冷淡的

□ **chimney** [ˈtʃɪmnɪ]
名 煙囪

□ **china** [ˈtʃaɪnə]
名 瓷器，陶瓷

□ **chip** [tʃɪp]
名 碎片，薄片 動 削，切成薄片

□ **choke** [tʃok]
動 哽住，堵塞，窒息 名 窒息

□ **chop** [tʃɑp]
動 砍，劈，猛擊　名 肋骨肉，排骨

□ **chore** [tʃor]
名 雜務，例行工作

□ **chorus** [ˈkorəs]
名 合唱團，合唱

□ **cigar** [sɪˈgɑr]
名 雪茄煙

□ **cinema** [ˈsɪnəmə]
名 電影院，電影

□ **circulate** [ˈsɝkjə,let]
動 循環；發行；流通

□ **circulation** [,sɝkjəˈleʃən]
名 循環，發行量，流通

□ **circus** [ˈsɝkəs]
名 馬戲團

□ **civil** [ˈsɪvl̩]
形 市民的，公民的，國民的

□ **classify** [ˈklæsə,faɪ]
動 將…分類，將…納入某類

□ **classroom** [ˈklæs,rʊm]
名 教室

□ **claw** [klɔ]
名 爪子，腳爪　動 用爪子抓

□ **clay** [kle]
名 泥土，黏土

□ **click** [klɪk]
動 發出卡嗒聲；按(滑鼠)　名 卡嗒聲

□ **climber** [ˈklaɪmɚ]
名 登山者，攀登者

□ **climbing** [ˈklaɪmɪŋ]
名 攀登

□ **clip** [klɪp]
名 迴紋針，夾　動 夾住，夾緊

□ **cloth** [klɔθ]
名 布，布塊

□ **clothe** [kloð]
動 穿衣，披上

□ **clothed** [kloðd]
形 穿…衣服的，披著…的

□ **cloud** [klaʊd]
名 雲，雲狀物　動 掩飾，覆蓋

□ **clown** [klaʊn]
名 小丑，丑角　動 扮小丑，裝傻

clue [klu]
名 線索，跡象

comfortably [ˈkʌmfɚtəblɪ]
副 安逸地，舒適地

coal [kol]
名 煤，煤塊，木炭

coming [ˈkʌmɪŋ]
形 即將到來的，接著的

coarse [kors]
形 粗的，粗糙的

commerce [ˈkamɝs]
名 商業，貿易，交易

cock [kak]
名 公雞，雄鳥

commission [kəˈmɪʃən]
名 佣金，委任，委員會 動 委任，任命

cocktail [ˈkakˌtel]
名 雞尾酒

communicate [kəˈmjunəˌket]
動 傳播，傳達，交際

coconut [ˈkokəˌnət]
名 椰子，椰子肉

community [kəˈmjunətɪ]
名 社區，共同體，公眾

code [kod]
名 規則，代號，代碼 動 編碼，譯碼

commute [kəˈmjut]
動 通勤

coincidence [koˈɪnsɪdəns]
名 巧合，巧事

comparative [kəmˈpærətɪv]
形 比較的，相對的

collar [ˈkalɚ]
名 衣領；項圈

compare [kəmˈpɛr]
動 比較，對照

colored [ˈkʌlɚd]
形 有顏色的，有色人種

comparison [kəmˈpærəsn̩]
名 比較，對照，類似

combined [kəmˈbaɪnd]
形 聯合的，相加的

competitor [kəmˈpɛtətɚ]
名 競爭者，對手，敵手

☐ **complaint** [kəmˈplent]
名 抱怨，抗議，怨言

☐ **complex**
[ˈkamplɛks] [kamˈplɛks]
名 複合物，複合體　形 複雜的，複合的

☐ **complicate** [ˈkamplə͵ket]
動 複雜化，使費解

☐ **complicated** [ˈkamplə͵ketɪd]
形 複雜的，難懂的

☐ **compose** [kəmˈpoz]
動 組成，構成

☐ **composition** [͵kapəˈzɪʃən]
名 組合；作文

☐ **compound** [ˈkaupaʊnd]
名 混合物，化合物，複合物　形 合成的，
複合的，化合的　動 混合，合成

☐ **compute** [kəmˈpjut]
動 計算，估算

☐ **concept** [ˈkansɛpt]
名 概念，觀念

☐ **concerning** [kənˈsɝnɪŋ]
介 關於

☐ **conclude** [kənˈklud]
動 結束，推斷

☐ **concrete** [ˈkankrit]
名 混凝土，凝結物
形 有形的，具體的，實在的

☐ **condition** [kənˈdɪʃən]
名 情況，狀態，條件

☐ **conduct** [ˈkandʌkt] [kənˈdʌkt]
名 行為，品行　動 引導，帶領

☐ **cone** [kon]
名 圓錐體，圓錐形

☐ **conference** [ˈkanfərəns]
名 會議，協商會

☐ **confidence** [ˈkanfədəns]
名 自信，信心

☐ **confine** [kənˈfaɪn]
動 限制，局限

☐ **confrontation** [͵kanfrʌnˈteʃən]
名 對抗，對質，比較

☐ **congratulate** [kənˈgrætʃə͵let]
動 祝賀，恭喜

☐ **congress** [ˈkaŋgrəs]
名 會議，代表大會，協會

☐ **conjunction** [kənˈdʒʌŋkʃən]
名 結合，連接；連接詞

connect [kə'nɛkt]
動 連接，連結

connection [kə'nɛkʃən]
名 連接，關聯

conscience ['kanʃəns]
名 良心，道德觀念

conscious ['kanʃəs]
形 意識上的，有知覺的

consequence ['kansə,kwɛns]
名 結果，後果

consequent ['kansə,kwɛnt]
形 隨之發生的，起因於

consequently ['kansə,kwɛntlɪ]
副 結果，因此

considerable [kən'sɪdərəbl]
形 相當大的，值得考慮的

consideration [kənsɪdə'reʃən]
名 考慮；體貼

consistent [kən'sɪstənt]
形 前後一致的，符合的

consonant ['kansənənt]
名 子音，子音字母

constant ['kanstənt]
形 恆常的，持續的，堅定的

constitute ['kanstə,tjut]
動 構成，組成

construct [kən'strʌkt]
動 構成，建構

consult [kən'sʌlt]
動 商量，磋商

consume [kən'sjum]
動 消耗，花費

content ['kantɛnt] [kən'tɛnt]
名 內容 形 滿足的，甘願的 動 使滿足

contest ['kantɛst] [kant'ɛst]
名 競爭，競賽 動 競爭，角逐

context ['kantɛkst]
名 文章脈胳，背景

continent ['kantənənt]
名 大陸，陸地

continental [,kantə'nɛntl]
形 大陸的，洲的

continuous [kən'tɪnjʊəs]
形 連續的，不斷的

□ **contrast** [ˈkɑnˌtræst] [kənˈtræst]
名 對比，對照 動 對比，對照

□ **contribute** [kənˈtrɪbjut]
動 捐助，貢獻，提供

□ **controversial** [ˌkɑntrəˈvɝʃəl]
形 有爭議的

□ **convenience** [kənˈvinjəns]
名 方便，便利

□ **convention** [kənˈvɛnʃən]
名 會議；慣例

□ **conventional** [kənˈvɛnʃənḷ]
形 習慣的，慣例的

□ **converse** [ˈkɑnvɝs] [kənˈvɝs]
名 相反的事物 形 相反的

□ **convey** [kənˈve]
動 表現；運送，搬運

□ **cooker** [ˈkʊkɚ]
名 廚具

□ **cope** [kop]
動 應付

□ **cord** [kɔrd]
名 細繩

□ **correspondent** [ˌkɔrɪˈspɑndənt]
名 通訊員，特派記者；通信者

□ **corridor** [ˈkɔrɪdɚ]
名 走廊，通道

□ **costly** [ˈkɔstlɪ]
形 貴重的，昂貴的

□ **costume** [ˈkɑstjum]
名 服裝，套裝

□ **cottage** [ˈkɑtɪdʒ]
名 農舍，小屋

□ **counter** [ˈkaʊntɚ]
名 櫃台 動 反抗 副 相反地

□ **courageous** [kəˈredʒəs]
形 英勇的，勇敢的

□ **courteous** [ˈkɝtjəs]
形 有禮貌的，謙恭的

□ **courtesy** [ˈkɝtəsɪ]
名 禮貌，客氣

□ **coward** [ˈkaʊɚd]
名 懦夫，膽小鬼

□ **cowboy** [ˈkaʊbɔɪ]
名 牛仔

crack [kræk]
名 裂縫，裂痕 動 猛擊，爆裂，裂開

cradle [ˈkredl]
名 搖籃；發源地

craft [kræft]
名 工藝；船舶

cram [kræm]
動 塞滿，填滿

crane [kren]
名 起重機；鶴 動 伸長

crawl [krɔl]
動 爬行，爬 名 爬行

creation [krɪˈeʃən]
名 創作，創造物

creature [ˈkritʃɚ]
名 生物，動物

creep [krip]
動 爬行，緩慢前進 名 爬行，蠕動

crew [kru]
名 組員，工作人員

cricket [ˈkrɪkɪt]
名 板球；蟋蟀

criminal [ˈkrɪmənl]
形 犯罪的，犯法的 名 罪犯

cripple [ˈkrɪpl]
名 跛子，癱瘓的人 動 使癱瘓

crisp [krɪsp]
形 酥脆的；涼爽的 名 炸薯片

crispy [ˈkrɪspɪ]
形 酥脆的，清脆的

crop [krɑp]
名 作物，收成 動 收穫

crossroad [ˈkrɔs,rod]
名 十字路口，交叉路

crow [kro]
名 烏鴉

crown [kraʊn]
名 王冠，王位 動 加冕，加冠

cruelty [ˈkruəltɪ]
名 殘酷，殘忍行為

crush [krʌʃ]
動 壓碎，碾碎 名 壓碎，毀壞

crutch [krʌtʃ]
名 拐杖，支撐架；支持

□ **crystal** [ˈkrɪstl̩]
名 水晶，結晶

□ **cub** [kʌb]
名 幼獸，新手

□ **cue** [kju]
名 提示，暗示 動 提示，暗示

□ **cultural** [ˈkʌltʃərəl]
形 人文的，文化的

□ **cupboard** [ˈkʌbəd]
名 碗櫃，櫥櫃

□ **curl** [kɝl]
動 捲曲，纏繞 名 捲髮，捲毛

□ **cushion** [ˈkuʃən]
名 墊子，靠墊，坐墊
動 墊著，緩和衝擊

□ **custom** [ˈkʌstəm]
名 風俗，習慣

□ **cycle** [ˈsaɪkl̩]
名 循環，週期；自行車，摩托車
動 騎自行車

其他單字 Vocabulary

🎧 15-4

□ **dairy** [ˈdɛrɪ]
名 牛奶店，乳牛場

□ **dam** [dæm]
名 水壩，水堤 動 築壩，築壩攔

□ **damn** [dæm]
動 批評，指責；貶下地獄 名 不在意

□ **dancer** [ˈdænsɚ]
名 舞者，舞蹈家

□ **dancing** [ˈdænsɪŋ]
名 跳舞

□ **darling** [ˈdɑrlɪŋ]
名 親愛的人，心愛的人
形 親愛的，心愛的

□ **daylight** [ˈdeˌlaɪt]
名 日光，白晝，黎明

□ **debate** [dɪˈbet]
名 辯論 動 辯論，討論

□ **decay** [dɪˈke]
動 腐朽，衰敗，衰退
名 腐朽，衰敗，衰退

□ **deck** [dɛk]
名 甲板，底板

□ **declaration** [ˌdɛkləˈreʃən]
名 宣佈，聲明

□ **declare** [dɪˈklɛr]
動 宣佈，聲明

□ **decline** [dɪˈklaɪn]
動 下降，衰退；婉拒

□ **decoration** [ˌdɛkəˈreʃən]
名 裝飾，裝潢，裝飾品

□ **decrease** [dɪˈkris] [ˈdɪkris]
動 減少，下降 名 減少，下降

□ **deed** [did]
名 行為，行動

□ **defense** [dɪˈfɛns]
名 防禦，保衛

□ **deficit** [ˈdɛfɪsɪt]
名 赤字，虧損

□ **define** [dɪˈfaɪn]
動 解釋，下定義

□ **delegate** [ˌdɛləgɪt] [ˈdɛləˌget]
名 代表，會議代表 動 委派代表，委託

□ **delete** [dɪˈlit]
動 刪除，劃掉

□ **deliberately** [dɪˈlɪbərɪtlɪ]
副 故意地

□ **delicate** [ˈdɛləkət]
形 脆弱的；柔和的；精巧的

□ **delight** [dɪˈlaɪt]
名 欣喜；樂趣 動 使高興；喜愛

□ **delighted** [dɪˈlaɪtɪd]
形 高興的，快樂的

□ **delightful** [dɪˈlaɪtfəl]
形 令人愉快的

□ **delivery** [dɪˈlɪvərɪ]
名 投遞，傳送

□ **demand** [dɪˈmænd]
名 要求，請求，需求 動 要求，請求

□ **demanding** [dɪˈmændɪŋ]
形 苛求的，高要求的

□ **democrat** [ˈdɛməˌkræt]
名 民主主義者

□ **demonstration**
[ˌdɛmənˈstreʃən]
名 論證；示範

□ **dense** [dɛns]
形 密集的，稠密的

□ **depart** [dɪˈpɑrt]
動 起程，離去，出發

□ **departure** [dɪˈpɑrtʃɚ]
名 離開，出發

□ **deposit** [dɪˈpɑzɪt]
名 保證金，存款　動 寄存，放下

□ **depress** [dɪˈprɛs]
動 使沮喪，壓低

□ **depressing** [dɪˈprɛsɪŋ]
形 壓抑的，鬱悶的

□ **deputy** [ˈdɛpjətɪ]
名 代表，代理人

□ **deserve** [dɪˈzɝv]
動 應得，該得

□ **despair** [dɪˈspɛr]
名 絕望　動 絕望

□ **destination** [ˌdɛstəˈneʃən]
名 目的地

□ **destruction** [dɪˈstrʌkʃən]
名 破壞，毀滅

□ **destructive** [dɪˈstrʌktɪv]
形 破壞的，毀滅的

□ **detailed** [ˈdiˈteld]
形 詳細的，精細的

□ **detergent** [dɪˈtɝdʒənt]
名 洗潔劑，洗衣粉　形 去漬的，清潔用的

□ **determination** [dɪˌtɝməˈneʃən]
名 堅定，決心；確立

□ **determined** [dɪˈtɝmɪnd]
形 下定決心的，堅定的

□ **development** [dɪˈvɛləpmənt]
名 發展，發達，生長

□ **devil** [ˈdɛvl]
名 魔鬼；頑皮鬼

□ **devise** [dɪˈvaɪz]
動 設計，策劃

□ **devoted** [dɪˈvotɪd]
形 投入的；虔誠的

□ **devotion** [dɪˈvoʃən]
名 獻身，奉獻；熱愛

□ **dialect** [ˈdaɪəlɛkt]
名 方言，土話

□ **dialog** [ˈdaɪəˌlɑg]
名 對話，交談，對白

□ **dictate** [ˈdɪktet]
動 要求，指定，命令

□ **dictation** [dɪkˈteʃən]
名 命令；聽寫、口述的文字

□ **diet** [ˈdaɪət]
名 飲食，節食

□ **differ** [ˈdɪfɚ]
動 不同，相異

□ **digest** [daɪˈdʒɛst]
動 消化，領會 名 摘要，文摘

□ **digit** [ˈdɪdʒɪt]
名 數字；手指，腳趾

□ **dip** [dɪp]
動 浸泡，下降 名 浸泡，下降

□ **diploma** [dɪˈplomə]
名 文憑；畢業證書

□ **dirt** [dɝt]
名 灰塵，污物

□ **disadvantaged** [ˌdɪsədˈvæntɪdʒd]
形 弱勢的，貧困的

□ **discard** [dɪsˈkɑrd] [ˈdɪskɑrd]
動 拋棄，丟棄 名（遊戲中）丟棄的牌

□ **disco** [ˈdɪsko]
名 舞廳

□ **discount** [dɪsˈkaʊnt] [ˈdɪskaʊnt]
動 不重視，不相信 名 折扣，打折

□ **discovery** [dɪsˈkʌvərɪ]
名 發現，發掘

□ **disguise** [dɪsˈgaɪz]
名 假裝 動 假裝，隱藏

□ **disgust** [dɪsˈgʌst]
動 作嘔，厭惡 名 噁心，作嘔

□ **disk** [dɪsk]
名 光碟

□ **dismiss** [dɪsˈmɪs]
動 遣散；不理會；允許離開

□ **disorder** [dɪsˈɔrdɚ]
名 混亂；疾病 動 使混亂，擾亂

□ **dispute** [dɪˈspjut]
動 爭論，對…提出質疑 名 爭論，爭執

□ **distinct** [dɪˈstɪŋkt]
形 清楚的，明顯的

□ **distinction** [dɪˈstɪŋkʃən]
名 區分；傑出

□ **distinguish** [dɪˈstɪŋgwɪʃ]
動 區別，辨認出

□ **distinguished** [dɪˈstɪŋgwɪʃt]
形 卓越的，高貴的

□ **distribution** [ˌdɪstrəˈbjuʃən]
名 分配，配給物

□ **district** [ˈdɪstrɪkt]
名 地方，行政區

□ **disturbance** [dɪsˈtɝbəns]
名 擾亂，阻礙

□ **ditch** [dɪtʃ]
名 溝渠 動 掘溝，開溝

□ **divine** [dəˈvaɪn]
形 神的，神聖的

□ **domestic** [dəˈmɛstɪk]
形 家庭的；本國的

□ **dominant** [ˈdɑmənənt]
形 支配的，佔優勢的

□ **dominate** [ˈdɑməˌnet]
動 支配，控制

□ **dose** [dos]
名 劑量，服用量

□ **dove** [dʌv]
名 鴿子

□ **downwards** [ˈdaʊnwɝdz]
副 向下

□ **doze** [doz]
動 打瞌睡 名 瞌睡

□ **draft** [dræft]
名 草稿 動 起草，設計

□ **drag** [dræg]
動 拖，拉，拖曳 名 拖；累贅

□ **dragonfly** [ˈdrægənˌflaɪ]
名 蜻蜓

□ **drain** [dren]
動 耗盡，排水 名 排水溝，排水，消耗

□ **dreadful** [ˈdrɛdfəl]
形 可怕的

□ **drift** [drɪft]
動 漂流 名 漂流，漂流物

□ **drill** [drɪl]
名 鑽，鑽頭 動 鑽，鑽孔

□ **drought** [draʊt]
名 乾旱，缺乏

□ **drowsy** [ˈdraʊzɪ]
形 沈寂的，昏昏欲睡的

□ **dust** [dʌst]
名 灰塵，塵埃 動 拂去灰塵，弄成粉末

□ **duckling** [ˈdʌklɪŋ]
名 小鴨子

□ **dye** [daɪ]
名 染色，染料 動 染色，著色，染

□ **dull** [dʌl]
形 鈍的，呆滯的，無趣的

□ **dynasty** [ˈdaɪnəstɪ]
名 朝代，王朝

□ **duration** [djʊˈreʃən]
名 持續時間，為期

其他單字 Vocabulary

E   🎧 15-5

□ **eager** [ˈigɚ]
形 熱心的，熱望的，渴望的

□ **economic** [ˌikəˈnɑmɪk]
形 經濟上的，經濟學的

□ **earnest** [ˈɝnɪst]
形 認真的，重要的，熱心的

□ **economist** [iˈkɑnəmɪst]
名 經濟學者

□ **earnings** [ˈɝnɪŋz]
名 收入，收益

□ **edible** [ˈɛdəbl̩]
形 可食用的

□ **earring** [ˈɪrˌrɪŋ]
名 耳環，耳飾

□ **edit** [ˈɛdɪt]
動 編輯，校訂

□ **easily** [ˈizɪlɪ]
副 容易地，輕易地

□ **edition** [ɪˈdɪʃən]
名 版本

□ **echo** [ˈɛko]
名 回音，回聲 動 反射，發回聲

□ **editor** [ˈɛdɪtɚ]
名 編輯，編者，主筆

editorial [ˌɛdə'tɔrɪəl]
形 編輯的，社論的，主筆的
名 社論，評論

educational [ˌɛdʒʊ'keʃənḷ]
形 教育的，有教育意義的

elastic [ɪ'læstɪk]
形 有彈性的；可通融的

elbow ['ɛlbo]
名 手肘，扶手 動 用肘推

election [ɪ'lɛkʃən]
名 選舉；當選

electricity [ˌilɛk'trɪsətɪ]
名 電，電流，電學

electronic [ɪlɛk'trɑnɪk]
形 電子的

elevator ['ɛləˌvetɚ]
名 電梯，起重機

emotional [ɪ'moʃənḷ]
形 情感的，情緒化的；感性的

emphasis ['ɛmfəˌsɪs]
名 強調，加強

emphasize ['ɛmfəˌsaɪz]
動 強調

empire ['ɛmpaɪr]
名 帝國

employment [ɪm'plɔɪmənt]
名 雇用，職業

enable [ɪn'ebḷ]
動 使能夠

enclose [ɪn'kloz]
動 圍繞；裝入；隨信附上

encounter [ɪn'kaʊntɚ]
動 遇見，邂逅 名 相遇，邂逅

encouragement [ɪn'kɝɪdʒmənt]
名 鼓勵，嘉獎

endanger [ɪn'dendʒɚ]
動 危及

energetic [ˌɛnɚ'dʒɛtɪk]
形 精力充沛的

enforce [ɪn'fors]
動 強迫，厲行實施

enjoyment [ɪn'dʒɔɪmənt]
名 樂趣，享受

enlargement [ɪn'lɑrdʒmənt]
名 放大，擴大

□ **enormous** [ɪˈnɔrməs]
形 巨大的，龐大的

□ **equipment** [ɪˈkwɪpmənt]
名 裝備，器材

□ **enroll** [ɪnˈrol]
動 登記，招收

□ **equivalent** [ɪˈkwɪvələnt]
形 相等的，同等的　名 同等物，相等物

□ **ensure** [ɪnˈʃʊr]
動 擔保，保證

□ **era** [ˈɪrə]
名 年代，時代，紀元

□ **enterprise** [ˈɛntɚˌpraɪz]
名 事業心，事業

□ **erase** [ɪˈres]
動 抹去，擦掉

□ **entertain** [ˌɛntɚˈten]
動 娛樂，招待

□ **errand** [ˈɛrənd]
名 任務，差事

□ **entertainer** [ˌɛntɚˈtenɚ]
名 款待者，表演者

□ **essential** [ɪˈsɛnʃəl]
形 必要的，本質的

□ **entertainment** [ˌɛntɚˈtenmənt]
名 娛樂，娛樂表演

□ **essentially** [ɪˈsɛnʃəlɪ]
副 實質上，本來

□ **entitle** [ɪnˈtaɪtl̩]
動 取名為；給與權力、資格

□ **esteem** [ɪsˈtim]
名 尊嚴，尊敬

□ **entry** [ˈɛntrɪ]
名 登錄，進入；記錄事項

□ **estimate** [ˈɛstəˌmet]
動 估計，判斷　名 估計，判斷

□ **environmental** [ɪnˌvaɪrənˈmɛntl̩]
形 環境的

□ **etc.** [ɛtˈsɛtərə]
副 等等

□ **equip** [ɪˈkwɪp]
動 裝備，使有能力

□ **evaluate** [ɪˈvæljʊˌet]
動 評估，評價

□ **even** ['ivən]
形 平坦的，平等的

□ **exhaust** [ɪɡ'zɔst]
動 用盡，耗盡

□ **eventual** [ɪ'vɛntʃʊəl]
形 最後的，可能的

□ **exhaust** [ɪɡ'zɔst]
名 廢氣，排氣

□ **eventually** [ɪ'vɛntʃʊəlɪ]
副 最後，終於

□ **exhibit** [ɪɡ'zɪbɪt]
動 展現，陳列，顯出 名 展覽品，展覽

□ **evident** ['ɛvədənt]
形 顯然的，明顯的

□ **experimental** [ɪk,spɛrə'mɛntļ]
形 實驗的，根據實驗的

□ **evolution** [,ɛvə'luʃən]
名 進化，發展

□ **explicit** [ɪk'splɪsɪt]
形 詳細的，明確的；直率的

□ **examination** [ɪɡ,zæmə'neʃən]
名 考試，測驗

□ **explode** [ɪk'splod]
動 爆炸，激發

□ **examiner** [ɪɡ'zæmɪnɚ]
名 主考員，審查員

□ **exploit** ['ɛksplɔɪt]
動 剝削，利用；開發

□ **excellence** ['ɛksļəns]
名 優秀，傑出

□ **explore** [ɪk'splor]
動 探索，探究

□ **exception** [ɪk'sɛpʃən]
名 例外，異議

□ **explosive** [ɪk'splosɪv]
形 暴躁的；易爆發的 名 炸藥，爆裂物

□ **excitedly** [ɪk'saɪtɪdlɪ]
副 興奮地，激動地

□ **expose** [ɪk'spoz]
動 使暴露，揭露

□ **excursion** [ɪk'skɝʒən]
名 遠足，遊覽

□ **exposure** [ɪk'spoʒɚ]
名 暴露，揭露

□ **extend** [ɪkˈstɛnd]
動 延長，延伸

□ **extreme** [ɪkˈstrim]
形 極端的，狂熱的 名 極端，末端

□ **extent** [ɪkˈstɛnt]
名 範圍，程度

□ **eyebrow** [ˈaɪ͵braʊ]
名 眉毛

□ **extinct** [ɪkˈstɪŋkt]
形 熄滅的，滅亡的

□ **eyesight** [ˈaɪ͵saɪt]
名 視力，眼力

其他單字 Vocabulary

F 🎧 15-6

□ **fable** [ˈfebl]
名 寓言，神話

□ **fare** [fɛr]
名 費用，旅費

□ **facial** [ˈfeʃəl]
形 臉部的

□ **farewell** [ˈfɛrˈwɛl]
名 辭別，再見 形 再會，別了

□ **facility** [fəˈsɪlətɪ]
名 設備

□ **fate** [fet]
名 命運，運氣

□ **faint** [fent]
形 微弱的，頭暈的 動 昏倒，變得微弱
名 昏倒

□ **faulty** [ˈfɔltɪ]
形 有過失的，有缺點的

□ **fairy** [ˈfɛrɪ]
名 仙女，精靈 形 仙女的

□ **favorable** [ˈfevərəbl̩]
形 贊成的，有利的

□ **faithful** [ˈfeθfəl]
形 忠實的，可靠的

□ **feast** [fist]
名 宴會，酒席 動 請客，款待

□ **fantasy** [ˈfæntəsɪ]
名 幻想，白日夢

□ **feather** [ˈfɛðɚ]
名 羽毛

□ **feature** [ˈfitʃɚ]
名 特色，特徵 動 由…主演

□ **federal** [ˈfɛdərəl]
形 聯邦的，同盟的，聯合的 名 聯邦

□ **feedback** [ˈfidˌbæk]
名 回饋，回應

□ **ferry** [ˈfɛrɪ]
名 渡口，渡船 動 擺渡，渡運

□ **fertile** [ˈfɝtl̩]
形 肥沃的，多產的

□ **fighter** [ˈfaɪtɚ]
名 鬥士，戰士

□ **festival** [ˈfɛstəvl̩]
名 節慶，慶典

□ **finance** [fɪˈnæns] [ˈfaɪnæns]
名 財政，財務管理
動 供給經費，負擔經費

□ **finished** [ˈfɪnɪʃt]
形 完成的，完結的

□ **fit** [fɪt]
形 合適的；健康的 動 合適，合身；容納

□ **flame** [flem]
名 火焰，熱情 動 燃燒，閃耀

□ **flash** [flæʃ]
名 閃光，閃爍 動 閃光，反射

□ **flatter** [ˈflætɚ]
動 諂媚，奉承

□ **flavor** [ˈflevɚ]
名 味道，香料，調味料

□ **flea** [fli]
名 跳蚤

□ **flee** [fli]
動 逃跑，逃避

□ **flesh** [flɛʃ]
名 肉體，肉

□ **flock** [flɑk]
名 羊群，人群，信徒 動 聚集，成群

□ **flood** [flʌd]
名 洪水，漲潮，水災 動 泛濫，淹沒

□ **flooding** [ˈflʌdɪŋ]
名 泛濫，溢流

□ **flush** [flʌʃ]
動 沖刷；漲紅 名 紅暈

□ **foam** [fom]
名 泡沫，水沫 動 吐白沫，起泡沫

- [ ] **fold** [fold]
  動 折疊，交疊 名 折疊，褶痕

- [ ] **fond** [fɑnd]
  形 喜歡的，寵愛的

- [ ] **forehead** [ˈfɔrˌhɛd]
  名 前額，額

- [ ] **forgetful** [fɚˈgɛtfəl]
  形 健忘的，易忘的

- [ ] **formation** [fɔrˈmeʃən]
  名 構造，形成

- [ ] **formula** [ˈfɔrmjələ]
  名 公式，規則

- [ ] **fort** [fort]
  名 堡壘，要塞

- [ ] **fortunately** [ˈfɔrtʃənɪtlɪ]
  副 幸運地，僥倖的

- [ ] **fortune** [ˈfɔrtʃən]
  名 運氣

- [ ] **found** [faʊnd]
  動 建立，創立

- [ ] **foundation** [faʊnˈdeʃən]
  名 基礎，建立；地基

- [ ] **founder** [ˈfaʊndɚ]
  名 創立者，奠基者

- [ ] **frame** [frem]
  動 錶框；制定；陷害 名 結構；框架

- [ ] **freeway** [ˈfrɪˌwe]
  名 高速公路

- [ ] **freezing** [ˈfrizɪŋ]
  形 冷凍的，冰凍的

- [ ] **freshman** [ˈfrɛʃmən]
  名 新生，大學新鮮人

- [ ] **fridge** [frɪdʒ]
  名 電冰箱

- [ ] **fright** [fraɪt]
  名 驚怕，驚駭

- [ ] **frost** [frɑst]
  名 霜，冰凍 動 結霜，凍結

- [ ] **frosty** [ˈfrɔstɪ]
  形 下霜的，嚴寒的

- [ ] **frown** [fraʊn]
  動 皺眉，蹙眉 名 皺眉，蹙眉

- [ ] **frozen** [ˈfrozn̩]
  形 冰凍的，結冰的

☐ **fulfill** [fʊlˈfɪl]
動 滿足，完成

☐ **fur** [fɝ]
名 毛皮製品，毛皮

☐ **fully** [ˈfʊlɪ]
副 完全地，充分地；十分地

☐ **furnished** [ˈfɝnɪʃɪd]
形 裝潢過的；附傢俱的

☐ **functional** [ˈfʌŋkʃənl̩]
形 功能的

☐ **furthermore** [ˈfɝðɚˈmor]
副 此外，而且

☐ **fundamental** [ˌfʌndəˈmɛntl̩]
形 基本的，重要的

其他單字 Vocabulary

G   🎧 **15-7**

☐ **gambling** [ˈgæmblɪŋ]
名 賭博

☐ **gaze** [gez]
動 凝視，注視 名 凝視，注視

☐ **gangster** [ˈgæŋstɚ]
名 歹徒，盜匪

☐ **gear** [gɪr]
名 裝備；齒輪

☐ **gap** [gæp]
名 缺口，縫隙

☐ **gene** [dʒin]
名 因數，基因

☐ **gardener** [ˈgɑrdənɚ]
名 園丁，花匠

☐ **generally** [ˈdʒɛnərəlɪ]
副 通常，普遍的

☐ **garlic** [ˈgɑrlɪk]
名 大蒜，蒜頭

☐ **generous** [ˈdʒɛnərəs]
形 慷慨大方的；寬厚的

☐ **gay** [ge]
形 同性戀的；開心的 名 同性戀

☐ **genuine** [ˈdʒɛnjʊɪn]
形 真實的，誠懇的，真誠的

□ **germ** [dʒɝm]
名 細菌；胚芽

□ **glow** [glo]
名 熱情，光輝 動 發熱，容光煥發

□ **gigantic** [dʒaɪˈgæntɪk]
形 巨大的，巨人般的

□ **goddess** [ˈgɑdɪs]
名 女神；受尊敬的女子

□ **giggle** [ˈgɪgl]
動 傻笑，咯咯笑 名 傻笑，玩笑

□ **grace** [gres]
名 恩典；優雅，風度；祈禱 動 使優美

□ **giraffe** [dʒəˈræf]
名 長頸鹿

□ **gradual** [ˈgrædʒʊəl]
形 逐漸的，漸增的

□ **girlfriend** [ˈgɝl,frɛnd]
名 女朋友

□ **gradually** [ˈgrædʒʊəlɪ]
副 漸漸地，逐漸地

□ **glance** [glæns]
動 掃視，匆匆一瞥 名 瞥見，掃視

□ **graduation** [ˌgrædʒʊˈeʃən]
名 畢業

□ **glasses** [ˈglæsɪz]
名 眼鏡，雙眼望遠鏡

□ **grain** [gren]
名 穀物

□ **glide** [glaɪd]
動 滑動，滑行 名 滑動，滑過

□ **grandchild** [ˈgrænd,tʃaɪld]
名（外）孫子女

□ **glimpse** [glɪmps]
名 瞥見 動 瞥見，投以一瞥

□ **grandparent** [ˈgrænd,pɛrənt]
名（外）祖父母

□ **globe** [glob]
名 地球，球，地球儀

□ **grant** [grænt]
動 允許，授與 名 授予，允許

□ **glory** [ˈglorɪ]
名 光榮，榮耀 動 驕傲，喜悅

□ **grapefruit** [ˈgrep,frut]
名 葡萄柚

□ **gravity** [ˈɡrævətɪ]
名 重力，地心引力

□ **grin** [ɡrɪn]
動 露齒笑，齜牙咧嘴 名 開口笑，露齒笑

□ **greasy** [ˈɡrizɪ]
形 油膩的，滑溜溜的

□ **guidance** [ˈɡaɪdn̩s]
名 指導，領導

□ **greatly** [ˈɡretlɪ]
副 很，非常地

□ **gulf** [ɡʌlf]
名 海灣，漩渦

□ **greeting** [ˈɡritɪŋ]
名 祝賀，問候

□ **gum** [ɡʌm]
名 口香糖，膠，樹脂

其他單字 Vocabulary

H 🎧 15-8

□ **hairdresser** [ˈhɛrˌdrɛsɚ]
名 美髮師，理髮師

□ **handy** [ˈhændɪ]
形 方便的；手邊的

□ **halfway** [ˈhæfˈwe]
副 半路地，半途中

□ **happily** [ˈhæpɪlɪ]
副 幸福地，快樂地

□ **halt** [hɔlt]
動 停止 名 暫停，停頓

□ **harbor** [ˈhɑrbɚ]
名 海港，避難所，港灣
動 提供庇護，躲藏

□ **handbag** [ˈhændˌbæg]
名 手提包

□ **hardware** [ˈhardˌwɛr]
名 硬體，零件

□ **handful** [ˈhændfəl]
名 少數，一點點，一把

□ **harmful** [ˈhɑrmfəl]
形 有害的，傷害的

□ **handicap** [ˈhændɪˌkæp]
名 障礙，困難 動 妨礙，設障礙

□ **harvest** [ˈhɑrvɪst]
名 收穫，收成，產量 動 收割，獲得

□ **hassle** [ˈhæsl]
名 激戰，論證 動 爭論，爭辯

□ **hasty** [ˈhestɪ]
形 匆匆的，急忙的

□ **hatch** [hætʃ]
動 孵化，出殼 名 艙口，天窗

□ **hawk** [hɔk]
名 鷹；騙子

□ **hay** [he]
名 乾草，秣

□ **headline** [ˈhɛd͵laɪn]
名 標題，摘要，頭條新聞
動 下標題，以⋯做標題

□ **headphones** [ˈhɛd͵fonz]
名 頭戴式耳機

□ **headquarters** [ˈhɛdˈkwɔrtɚz]
名 總部，司令部

□ **headset** [ˈhɛd͵sɛt]
名 免持聽筒，耳掛式聽筒

□ **heap** [hip]
名 堆，大量 動 堆積，大量給予

□ **heartbreak** [ˈhɑrt͵brek]
名 心碎

□ **heaven** [ˈhɛvən]
名 天堂，天空

□ **heavenly** [ˈhɛvənlɪ]
形 天國的，天上的

□ **heel** [hil]
名 腳後跟

□ **hell** [hɛl]
名 地獄，陰間

□ **hence** [hɛns]
副 因此，如此一來

□ **herd** [hɝd]
名 獸群，人群 動 群集，聚集

□ **heroine** [ˈhɛro͵ɪn]
名 女英雄；女主人翁

□ **hesitation** [͵hɛzəˈteʃən]
名 躊躇，猶豫

□ **highly** [ˈhaɪlɪ]
副 非常，高度地

□ **high-rise** [ˈhaɪˈraɪz]
名 高樓 形 高樓的，有多層的

□ **hijacker** [ˈhaɪ͵dʒækɚ]
名 強盜，搶匪

☐ **hijacking** [ˈhaɪdʒækɪŋ]
名 劫持，搶劫

☐ **hint** [hɪnt]
名 暗示，提示　動 暗示，示意

☐ **hire** [ˈhaɪr]
動 雇用，租用
名 租金，工錢；租用，雇用

☐ **historic** [hɪsˈtɔrɪk]
形 有歷史性的，歷史上著名的

☐ **historical** [hɪsˈtɔrɪkl]
形 歷史的，史實的，歷史上的

☐ **hive** [haɪv]
名 蜂房，蜂巢

☐ **hollow** [ˈhɑlo]
形 空的，空洞的

☐ **holy** [ˈholɪ]
形 神聖的，至善的

☐ **homeland** [ˈhomˌlænd]
名 故鄉，本國

☐ **hook** [hʊk]
名 鉤狀物，鉤子
動 掛在鉤上，鉤住；喜愛

☐ **hopeful** [ˈhopfəl]
形 有希望的，抱有希望的

☐ **horn** [hɔrn]
名 角；喇叭，號角

☐ **hose** [hoz]
名 水管，塑膠管　動 用水管沖洗

☐ **hourly** [ˈaʊrlɪ]
形 每小時的，頻繁的
副 每小時地，頻繁地

☐ **household** [ˈhaʊsˌhold]
名 家庭，家族　形 家庭的，家族的

☐ **housekeeper** [ˈhausˌkipɚ]
名 家庭主婦；管家

☐ **housewife** [ˈhaʊsˌwaɪf]
名 家庭主婦

☐ **housework** [ˈhaʊsˌwɝk]
名 家事，家務

☐ **housing** [ˈhaʊzɪŋ]
名 房屋，住宅

☐ **hug** [hʌg]
動 擁抱，緊抱　名 擁抱，緊抱

☐ **hum** [hʌm]
動 發出嗡嗡聲　名 雜音，嗡嗡聲

☐ **humanity** [hjuˈmænətɪ]
名 人性，人類

□ **humidity** [hju'mɪdətɪ]
名 濕氣，濕度

□ **hut** [hʌt]
名 小屋，茅屋

□ **hush** [hʌʃ]
動 安靜下來，沈默 名 沈默，安靜

□ **hydrogen** ['haɪdrədʒən]
名 氫

其他單字 Vocabulary

I
🎧 15-9

□ **icy** ['aɪsɪ]
形 冰冷的，多冰的

□ **immigrant** ['ɪməgrənt]
名 移民

□ **ideal** [aɪ'diəl]
形 理想的，完美的 名 理想，典範

□ **immigration** [ˌɪmə'greʃən]
名 移入者，移居入境

□ **idiom** ['ɪdɪəm]
名 方言，成語

□ **imperial** [ɪm'pɪrɪəl]
形 帝王的，至尊的

□ **idol** ['aɪdl]
名 偶像，崇拜對象

□ **implement** ['ɪmpləmənt]
動 實現，執行

□ **ignorant** ['ɪgnərənt]
形 無知的，幼稚的

□ **implication** [ˌɪmplɪ'keʃən]
名 含意，暗示

□ **ignore** [ɪg'nor]
動 忽略，不予理會

□ **imply** [ɪm'plaɪ]
動 暗示，意味

□ **imaginative** [ɪ'mædʒəˌnetɪv]
形 想像的，虛構的

□ **impressive** [ɪm'prɛsɪv]
形 讓人印象深刻的，感人的

□ **imitate** ['ɪməˌtet]
動 模仿，冒充

□ **increase** [ɪn'kris]
動 增加，上升

□ **increasingly** [ɪn'krisɪŋli]
副 逐漸地，漸增的

□ **informed** [ɪn'fɔrmd]
形 見聞廣博的

□ **indeed** [ɪn'did]
副 當然，確實

□ **initial** [ɪ'nɪʃəl]
形 開始的，最初的；字首的 名 首字母
動 簽姓名的首字母

□ **Indian** ['ɪndɪən]
形 印度的，印度群島的，印第安的
名 印度人，印第安人

□ **inject** [ɪn'dʒɛkt]
動 注入，注射

□ **indication** [ˌɪndə'keʃən]
名 指示，跡象

□ **inn** [ɪn]
名 旅館，客棧

□ **indoor** ['ɪn,dor]
形 室內的，戶內的

□ **inner** ['ɪnɚ]
形 內部的，內心的

□ **indoors** ['ɪn'dorz]
副 在戶內

□ **innocence** ['ɪnəsns̩]
名 純真，清白

□ **industrial** [ɪn'dʌstrɪəl]
形 工業的，產業的

□ **innovative** ['ɪno,vetɪv]
形 創新的，革新的

□ **infer** [ɪn'fɜ]
動 推論，推論出

□ **input** ['ɪn,pʊt]
名 輸入 動 輸入

□ **inflation** [ɪn'fleʃən]
名 脹大，通貨膨脹

□ **inquiry** [ɪn'kwaɪrɪ]
名 質詢，調查

□ **influential** [ˌɪnflʊ'ɛnʃəl]
形 有影響力的，有勢力的

□ **inspect** [ɪn'spɛkt]
動 檢查，審查，視察

□ **informative** [ɪn'fɔrmətɪv]
形 有益的，教育性的，見聞廣博的

□ **inspector** [ɪn'spɛktɚ]
名 審查員，巡視員

□ **inspiration** [ˌɪnspəˈreʃən]
名 靈感，妙計；激勵

□ **intense** [ɪnˈtɛns]
形 非常的；緊張的；強烈的

□ **install** [ɪnˈstɔl]
動 安裝，安置

□ **intensive** [ɪnˈtɛnsɪv]
形 加強的，透徹的

□ **instead** [ɪnˈstɛd]
副 更換，替代

□ **interference** [ˌɪntəˈfɪrəns]
名 衝突，干涉

□ **instinct** [ˈɪnstɪŋkt]
名 本能，直覺

□ **intermediate** [ˌɪntəˈmidɪət]
形 中等的，中間的，中級的

□ **institute** [ˈɪnstətjut]
名 學會，協會

□ **internal** [ɪnˈtɜnl̩]
形 國內的，內在的

□ **institution** [ˌɪnstəˈtjuʃən]
名 機構，創立

□ **interpretation** [ɪnˌtɜprɪˈteʃən]
名 解釋，翻譯

□ **instruct** [ɪnˈstrʌkt]
動 教導，教

□ **interval** [ˈɪntɜvl̩]
名 間隔，暫停

□ **insult** [ɪnˈsʌlt] [ˈɪnsʌlt]
動 侮辱，傲慢 名 侮辱，無禮

□ **introduction** [ˌɪntrəˈdʌkʃən]
名 介紹，引言

□ **intellectual** [ˌɪntl̩ˈɛktʃuəl]
形 智力的，善思考的，知性的
名 知識份子

□ **intrude** [ɪnˈtrud]
動 闖入，侵入

□ **intelligence** [ɪnˈtɛlədʒəns]
名 智力，聰明

□ **intruder** [ɪnˈtrudə]
名 入侵者，妨礙者

□ **intend** [ɪnˈtɛnd]
動 意向，打算，計劃

□ **invade** [ɪnˈved]
動 侵略，侵犯

□ **invasion** [ɪnˈveʒən]
名 侵犯，侵入

□ **isolate** [ˈaɪsḷˌet]
動 孤立，隔離

□ **invest** [ɪnˈvɛst]
動 投資，花費

□ **issue** [ˈɪʃjʊ]
名 發行，後果 動 發行，造成…的結果

□ **involve** [ɪnˈvɑlv]
動 包括，沈溺於

□ **itch** [ɪtʃ]
動 發癢，搔癢 名 癢，疥癬

□ **involved** [ɪnˈvɑlvd]
形 複雜的，糾纏的

□ **ivory** [ˈaɪvərɪ]
名 象牙；乳白色

其他單字 Vocabulary

J

🎧 15-10

□ **jam** [dʒæm]
動 擠滿，塞住

□ **journey** [ˈdʒɝnɪ]
名 旅行，旅程 動 旅行，遊覽

□ **jar** [dʒɑr]
名 水壺，罐子，瓶子

□ **joyful** [ˈdʒɔɪfəl]
形 歡喜的，高興的

□ **jaw** [dʒɔ]
名 下巴，顎 動 閒聊，嘮叨

□ **judgment** [ˈdʒʌdʒmənt]
名 判斷力；看法；裁決

□ **jelly** [ˈdʒɛlɪ]
名 果凍

□ **juicy** [ˈdʒusɪ]
形 多汁的，水份多的

□ **jet** [dʒɛt]
名 噴射器，噴口 動 噴出，射出

□ **jungle** [ˈdʒʌŋgḷ]
名 叢林

□ **jewelry** [ˈdʒuəlrɪ]
名 珠寶，首飾

□ **junior** [ˈdʒunjɚ]
形 年少的；地位較低的
名 年少者；地位較低者

□ **junk** [dʒʌŋk]
名 垃圾；無用的事物

其他單字 Vocabulary

K 🎧 15-11

□ **keen** [kin]
形 熱心的，熱衷的，喜愛的

□ **kindly** [ˈkaɪndlɪ]
形 和藹的，溫和的 副 溫和的，親切的

□ **keeper** [ˈkipɚ]
名 管理人，看守人

□ **kit** [kɪt]
名 裝備，工具箱

□ **kettle** [ˈkɛtl]
名 茶壺，罐

□ **kneel** [nil]
動 跪下

□ **keyboard** [ˈkiˌbord]
名 鍵盤

□ **knob** [nɑb]
名 把手，(收音機等的)旋鈕

□ **kidnap** [ˈkɪdnæp]
動 綁架，誘拐

□ **knot** [nɑt]
名 結，蝴蝶結 動 打結，捆紮

□ **kidney** [ˈkɪdnɪ]
名 腎

□ **knowledgeable** [ˈnɑlɪdʒəbl]
形 有知識的，有見識的，博學的

其他單字 Vocabulary

L 🎧 15-12

□ **label** [ˈlebl]
名 商標，標籤 動 貼標籤，分類

□ **lace** [les]
名 蕾絲，花邊 動 滾花邊，結帶子

□ **labor** [ˈlebɚ]
名 (美)勞動；勞力，勞工

□ **ladder** [ˈlæbɚ]
名 梯

□ **ladybug** ['ledɪ,bʌg]
名 瓢蟲

□ **lag** [læg]
動 落後，延遲　名 落後，衰退

□ **landlady** ['lænd,ledɪ]
名 女房東，女地主，女老闆

□ **landslide** ['lænd,slaɪd]
名 山崩

□ **lane** [len]
名 小路，車道

□ **lap** [læp]
名 膝部

□ **largely** ['lɑrdʒlɪ]
副 大量地，多半地

□ **laser** ['lezɚ]
名 雷射

□ **lately** ['letlɪ]
副 最近，近來

□ **latitude** ['lætə,tjud]
名 緯度

□ **latter** ['lætɚ]
形 後者的，近來的

□ **laughter** ['læftɚ]
名 笑，笑聲

□ **launch** [lɔntʃ]
動 發射；實施　名 下水，發行，遊艇

□ **lavatory** ['lævə,torɪ]
名 洗手間，廁所

□ **lawful** ['lɔfəl]
形 合法的，守法的，法律許可的

□ **layer** ['leɚ]
名 地層，層，階層

□ **lead** [lid] [lɛd]
動 領導　名 鉛

□ **leading** ['lidɪŋ]
形 帶領的，領導的，主要的

□ **leaflet** ['liflɪt]
名 傳單

□ **league** [lig]
名 同盟，聯盟

□ **leak** [lik]
動 洩漏，滲漏　名 漏洞，裂縫

□ **learned** ['lɝnɪd]
形 有學問的，學術上的

□ **learner** [ˈlɝnɚ]
名 學員，初學者

□ **learning** [ˈlɝnɪŋ]
名 學習，學問

□ **leather** [ˈlɛðɚ]
名 皮革，皮革製品

□ **lecturer** [ˈlɛktʃərɚ]
名 演講者，講師

□ **leisurely** [ˈliʒɚlɪ]
形 悠閒的，從容的 副 悠閒地，從容地

□ **lemonade** [ˌlɛnənˈed]
名 檸檬水

□ **lens** [lɛnz]
名 鏡片，鏡頭，透鏡

□ **liar** [ˈlaɪɚ]
名 騙子，說謊的人

□ **liberty** [ˈlɪbɚtɪ]
名 自由，隨意

□ **librarian** [laɪˈbrɛrɪən]
名 圖書館員

□ **license** [ˈlaɪsṇs]
動 許可 名 許可，執照

□ **lighten** [ˈlaɪtṇ]
動 使發光，照亮

□ **lighthouse** [ˈlaɪtˌhaʊs]
名 燈塔

□ **lily** [ˈlɪlɪ]
名 百合，百合花

□ **limb** [lɪm]
名 腳，肢，臂

□ **limit** [ˈlɪmɪt]
動 限制 名 限制，極限

□ **limitation** [ˌlɪməˈteʃən]
名 限制，限度，局限

□ **lipstick** [ˈlɪpˌstɪk]
名 口紅，唇膏

□ **liquor** [ˈlɪkɚ]
名 酒，酒精飲料

□ **listener** [ˈlɪsṇɚ]
名 聽眾，收聽者

□ **litter** [ˈlɪtɚ]
名 垃圾 動 亂丟，丟垃圾

□ **live** [lɪv] [laɪv]
動 生活，活著 形 活的，實況的

□ **lively** [ˈlaɪvlɪ]
形 活潑的，生動的

□ **liver** [ˈlɪvɚ]
名 肝臟，肝

□ **load** [lod]
名 負荷，裝載量，重擔 動 裝載，負擔

□ **loan** [lon]
名 貸款，借出，債權人 動 借出，貸與

□ **lobby** [ˈlɑbɪ]
名 大廳，休息室

□ **locker** [ˈlɑkɚ]
名 置物櫃；(美)冷藏格

□ **log** [lɔg]
名 圓木，木料 動 伐木，鋸木

□ **logic** [ˈlɑdʒɪk]
名 邏輯，理則學，推理法

□ **long** [lɔŋ]
動 期盼，渴望

□ **long-term** [lɔŋˈtɝm]
形 長程的

□ **loop** [lup]
名 圈，環，環狀物 動 用環扣住，打成環

□ **loose** [lus]
形 寬鬆的，不牢固的

□ **loosen** [ˈlusn̩]
動 釋放

□ **lord** [lɔrd]
名 貴族，君主

□ **lorry** [ˈlɔrɪ]
名 (英)卡車，鐵路貨車

□ **loudspeaker** [ˈlaʊdˈspikɚ]
名 擴音器，喇叭

□ **lower** [ˈloɚ]
動 放下，降下，放低

□ **luggage** [ˈlʌgɪdʒ]
名 行李，皮箱

□ **lunar** [ˈlunɚ]
形 陰曆的，月亮的

□ **machinery** [məˈʃinərɪ]
名 機器，機關

□ **manageable** [ˈmænɪdʒəbl̩]
形 易管理的，易控制的

□ **madam** [ˈmædəm]
名 夫人，女士

□ **mankind** [mænˈkaɪnd]
名 人類；男性

□ **magnetic** [mægˈnɛtɪk]
形 有磁性的，有吸引力的

□ **man-made** [mænmed]
形 人造的，人為的

□ **magnificent** [mægˈnɪfəsənt]
形 華麗的，豐富的

□ **manner** [ˈmænɚ]
名 規矩，禮貌，方式

□ **maid** [med]
名 少女；女僕

□ **mansion** [ˈmænʃən]
名 大廈，公寓

□ **mainland** [ˈmenlənd]
名 大陸

□ **manual** [ˈmænjʊəl]
名 手冊，指南 形 手的，手工的

□ **mainly** [ˈmenlɪ]
副 主要的，大概，大抵

□ **manufacture** [ˌmænjɚˈfæktʃɚ]
動 製造，加工 名 製品，製造業

□ **maintain** [menˈten]
動 保持，維持；保養

□ **marathon** [ˈmærəˌθɑn]
名 馬拉松賽；難以忍受卻持續很久的事

□ **maker** [ˈmekɚ]
名 製造者，上帝

□ **marble** [ˈmɑrbl̩]
名 大理石，玻璃珠

□ **make-up** [ˈmekˌʌp]
名 化妝，虛構，彌補

□ **march** [mɑrtʃ]
動 前進，通過 名 行進，行軍

□ **manage** [ˈmænɪdʒ]
動 管理，維持

□ **master** [ˈmæstɚ]
名 大師；主人；教師；碩士
動 控制；精通

□ **mate** [met]
名 伴侶，夥伴 動 交配

□ **maturity** [mə'tjʊrətɪ]
名 成熟，到期

□ **mean** [min]
形 吝嗇的；低劣的

□ **meaningful** ['minɪŋfəl]
形 意味深長的，有意義的

□ **meantime** ['min,taɪm]
名 此時

□ **meanwhile** ['min,hwaɪl]
副 同時，於此時

□ **measurable** ['mɛʒərəbl]
形 可測量的，可衡量的

□ **mechanical** [mə'kænɪkl]
形 機械的，力學的

□ **memorable** ['mɛmərəbl]
形 值得紀念的，難忘的

□ **mention** ['mɛnʃən]
動 提及，說起 名 提到，陳述

□ **merchant** ['mɝtʃənt]
名 店主，商人

□ **mere** [mɪr]
形 僅僅的，只是的

□ **merit** ['mɛrɪt]
名 優點，價值；值得讚賞的事情

□ **mess** [mɛs]
名 混亂 動 搞亂，弄亂

□ **messenger** ['mɛsṇdʒɚ]
名 使者，報信者

□ **messy** ['mɛsɪ]
形 混亂的，凌亂的

□ **meter** ['mitɚ]
動 測量，計量

□ **metro** ['mɛtro]
名 地鐵，捷運

□ **microphone** ['maɪkrə,fon]
名 麥克風，擴音器

□ **microscope** ['maɪkrə,skop]
名 顯微鏡

□ **might** [maɪt]
名 力氣，力量 助動 可能

□ **mighty** ['maɪtɪ]
形 強大的，有力的

milkshake [ˌmɪlkˈʃek]
名 奶昔

mister [ˈmɪstɚ]
名 先生

mill [mɪl]
名 磨坊，磨臼 動 碾碎，研磨

mixture [ˈmɪkstʃɚ]
名 混合，混合物

mine [maɪn]
名 礦，礦坑

mobile [ˈmobɪl]
形 移動的，機動的

mineral [ˈmɪnərəl]
名 礦物；礦物質 形 礦物的

moderate [ˈmadərɪt]
形 適度的，中等的

minister [ˈmɪnɪstɚ]
名 部長；牧師

modest [ˈmadɪst]
形 謙遜的，謙和的

ministry [ˈmɪnɪstrɪ]
名 部會，內閣

moist [mɔɪst]
形 潮濕的

minority [maɪˈnɔrətɪ]
名 少數，少數民族

moisture [ˈmɔɪstʃɚ]
名 濕氣，水氣

minute [ˈmɪnɪt] [maɪˈnjut]
名 分鐘 形 極細微的，微小的

monitor [ˈmanətɚ]
動 監控，監視 名 監視器，螢幕

misery [ˈmɪzərɪ]
名 悲慘，不幸

monk [mʌŋk]
名 修士，僧侶，和尚

missile [ˈmɪsl̩]
名 發射物，飛彈，導彈

monument [ˈmanjəmənt]
名 紀念碑，石碑

mist [mɪst]
名 薄霧，水氣 動 降霧，起霧

mood [mud]
名 心情，情緒

□ **moonlight** [ˈmunˌlaɪt]
名 月光

□ **moral** [ˈmɔrəl]
形 道德的，品行的；有道德的
名 道德，倫理；寓意，教訓

□ **moreover** [morˈovɚ]
副 此外，而且

□ **mortgage** [ˈmɔrgɪdʒ]
名 抵押，押款　動 抵押

□ **mostly** [ˈmostlɪ]
副 主要地，大部分

□ **motel** [moˈtɛl]
名 汽車旅館

□ **moth** [mɑθ]
名 蛾

□ **motivate** [ˈmotəˌvet]
動 激發動機

□ **motor** [ˈmotɚ]
名 馬達，汽車，發動機

□ **mountainous** [ˈmauntənəs]
形 巨大的；多山的

□ **mourn** [morn]
動 哀悼，悲慟

□ **moustache** [məsˈtæʃ]
名 嘴唇上方的鬍鬚；髭

□ **movable** [ˈmuvəbl]
形 不定的；可動的；動產的

□ **mow** [mo]
動 刈草，刈

□ **muddy** [ˈmʌdɪ]
形 泥濘的，髒污的

□ **mug** [mʌg]
名 大杯子，鬼臉　動 搶劫，扮鬼臉

□ **murderer** [ˈmɝdərɚ]
名 殺人犯，兇手

□ **murmur** [ˈmɝmɚ]
動 低語，喃喃自語　名 低語，低聲怨言

□ **muscle** [ˈmʌsl]
名 肌肉，臂力

□ **mushroom** [ˈmʌʃrʊm]
名 蘑菇　動 採蘑菇；迅速生長

□ **musical** [ˈmjuzɪkl]
形 音樂的，愛音樂的　名 歌舞劇，歌舞片

□ **mutual** [ˈmjutʃʊəl]
形 相互的；共有的

□ **naked** [ˈnekɪd]
形 裸體的，裸的，無遮蓋的

□ **nevertheless** [ˌnɛvɚðəˈlɛs]
副 然而，但是，儘管

□ **namely** [ˈnemlɪ]
副 亦即，也就是

□ **newcomer** [ˈnjuˈkʌmɚ]
名 新來的人

□ **nationality** [ˌnæʃəˈnæləti]
名 國籍，民族性

□ **newscaster** [ˈnjuzˌkæstɚ]
名 新聞播報員

□ **naval** [ˈnevl̩]
形 海軍的，軍艦的

□ **nickname** [ˈnɪkˌnem]
名 暱稱，綽號 動 取小名，取綽號

□ **nearby** [ˈnɪrˌbaɪ]
形 附近的，近旁的

□ **noble** [ˈnobl̩]
形 高尚的，高貴的 名 貴族

□ **necessarily** [ˈnɛsəsɛrɪlɪ]
副 必然地，必須地

□ **nonetheless** [ˌnʌnðəˈlɛs]
副 但是，儘管如此

□ **necessity** [nəˈsɛsəti]
名 需要，必需品

□ **normal** [ˈnɔrml̩]
形 常態的，正常的，標準的

□ **neighborhood** [ˈnebɚˌhʊd]
名 鄰近地區，鄰居

□ **normally** [ˈnɔrml̩ɪ]
副 正規地，正常地

□ **nerve** [nɝv]
名 神經；緊張；膽量 動 鼓起勇氣

□ **northeast** [nɔrθˈist]
名 東北方，東北地區 副 向東北方的
形 東北的，東北部的

□ **net** [nɛt]
形 純粹的，淨餘的 名 網，網狀物；網路
動 用網子捕捉

□ **northwest** [nɔrθˈwɛst]
名 西北方，西北地區 副 向西北方的
形 西北的，西北部的

□ **network** [ˈnɛtˌwɝk]
名 網路，廣播網

□ **notify** [ˈnotəˌfaɪ]
動 告知，通知

□ **nourish** [ˈnɝɪʃ]
動 滋養；抱持（情緒）

□ **nut** [nʌt]
名 堅果

□ **nowadays** [ˈnaʊəˌdez]
副 當今，時下

□ **nutrition** [njuˈtrɪʃən]
名 營養學，營養

□ **nowhere** [ˈnoˌhwɛr]
副 無處

□ **nylon** [ˈnaɪlɑn]
名 尼龍

□ **nursery** [ˈnɝsərɪ]
名 托兒所，溫床

其他單字 Vocabulary

O   🎧 15-15

□ **oak** [ok]
名 橡樹，橡木

□ **odd** [ɑd]
形 奇數的；怪異的

□ **obedient** [əˈbidjənt]
形 服從的，順服的

□ **offense** [əˈfɛns]
名 冒犯；攻方

□ **obesity** [oˈbisətɪ]
名 肥胖

□ **oh** [o]
嘆 哦，喂，哎呀

□ **obstacle** [ˈɑbstəkl̩]
名 障礙，阻礙

□ **oneself** [wʌnˈsɛlf]
代 自己，自身，本人

□ **obtain** [əbˈten]
動 得到，獲得

□ **onto** [ˈɑntu]
介 到…之上，向…之上

□ **occasional** [əˈkeʒənl̩]
形 偶爾的；應景的

□ **opener** [ˈopənɚ]
名 開端；開啟者，開啟的工具

□ **opening** [ˈopənɪŋ]
名 開始，開幕 形 開始的，開幕的

□ **ounce** [aʊns]
名 盎司，英兩

□ **oppose** [əˈpoz]
動 反抗，反對，對立

□ **ourselves** [ˌaʊrˈsɛlvz]
名 我們自己

□ **opposite** [ˈɑpəzɪt]
形 相對的，對立的 名 對立面，對立物

□ **outer** [ˈaʊtɚ]
形 外部的

□ **orbit** [ˈɔrbɪt]
名 軌道；勢力範圍 動 繞軌而行

□ **outline** [ˈaʊtˌlaɪn]
動 抓重點，描述要點
名 外形，輪廓；要點

□ **orderly** [ˈɔrdɚlɪ]
形 有秩序的，順序的 名 勤務兵

□ **output** [ˈaʊtˌpʊt]
名 輸出，生產量

□ **organ** [ˈɔrgən]
名 風琴；器官

□ **outstanding** [ˈaʊtˈstændɪŋ]
形 傑出的，突出的

□ **origin** [ˈɔrədʒɪn]
名 起源，起因

□ **outward** [ˈaʊtwɚd]
形 外在的，公開的 副 向外，表面

□ **orphan** [ˈɔrfən]
名 孤兒

□ **oval** [ˈovl̩]
形 橢圓形 名 橢圓形的

□ **orphanage** [ˈɔrfənɪdʒ]
名 孤兒院

□ **overall** [ˈovɚˌɔl]
形 全面的，整體的 副 總體上
名 工作褲，工作服

□ **otherwise** [ˈʌðɚˌwaɪz]
副 否則；其他方面

□ **overcoat** [ˈovɚˌkot]
名 外套大衣

□ **ought** [ɔt]
動 應當，應該

□ **overcome** [ˌovɚˈkʌm]
動 戰勝，克服，得勝

□ **overlook** [ˌovɚˈlʊk]
　動 俯瞰;忽視

□ **owe** [o]
　動 欠;感恩

□ **overtake** [ˌovɚˈtek]
　動 趕上,壓倒

□ **owl** [aʊl]
　名 貓頭鷹

□ **overwhelming** [ˌovɚˈhwɛlmɪŋ]
　形 強大的,無法抵擋的

其他單字 Vocabulary

P

15-16

□ **Pacific** [pəˈsɪfɪk]
　名 太平洋 形 太平洋的

□ **parade** [pəˈred]
　名 遊行,閱兵 動 遊行,列隊行進

□ **packet** [ˈpækɪt]
　名 小包,封套

□ **paradise** [ˈpærəˌdaɪs]
　名 天堂,樂園

□ **pad** [pæd]
　名 墊子,襯墊 動 填塞,填襯

□ **paragraph** [ˈpærəˌgræf]
　名 段落,短篇報導

□ **pal** [pæl]
　名 朋友,同志,夥伴

□ **parallel** [ˈpærəˌlɛl]
　形 平行的;相似的 名 平行;對比
　動 與…平行,與…對比

□ **palm** [pɑm]
　名 手掌,手心 動 藏於手中,握手

□ **parcel** [ˈpɑrs!]
　名 小包,包裹 動 打包,捆紮

□ **pancake** [ˈpænˌkek]
　名 鬆餅

□ **parliament** [ˈpɑrləmənt]
　名 國會,議會

□ **panel** [ˈpæn!]
　名 嵌板,鑲板

□ **part** [pɑrt]
　動 分開,分離;分居

☐ **partial** [ˈpɑrʃəl]
形 部分的，偏愛的，偏袒的

☐ **participle** [ˈpɑrtəsəpl̩]
名 分詞

☐ **particularly** [pɚˈtɪkjələˈlɪ]
副 獨特地，顯著地

☐ **passage** [ˈpæsɪdʒ]
名 通行，通路

☐ **pasta** [ˈpɑstə]
名 通心粉，通心麵

☐ **pat** [pæt]
動 輕拍 名 輕拍

☐ **pave** [pev]
動 鋪設，安排

☐ **paw** [pɔ]
名 手掌，爪子 動 抓，扒

☐ **pea** [pi]
名 豌豆

☐ **peak** [pik]
名 山頂，高峰 形 最高點的，頂端的
動 達到高峰

☐ **peanut** [ˈpiˌnʌt]
名 花生

☐ **pearl** [pɝl]
名 珍珠，珠子 動 用珍珠裝飾，使成珠狀

☐ **peasant** [ˈpɛznt̩]
名 農夫；老粗

☐ **pebble** [ˈpɛbl̩]
名 小圓石，小鵝卵石

☐ **peculiar** [pɪˈkjuljɚ]
形 特殊的；獨有的

☐ **pedal** [ˈpɛdl̩]
名 踏板 動 踩踏板，騎腳踏車

☐ **peep** [pip]
動 偷看 名 窺視

☐ **peer** [pɪr]
動 凝視，盯著看 名 同等，同輩

☐ **penny** [ˈpɛnɪ]
名 一分，小錢

☐ **per** [pɚ]
介 每…

☐ **percent** [pɚˈsɛnt]
名 百分比

☐ **percentage** [pɚˈsɛntɪdʒ]
名 百分比，比例

□ **perform** [pɚˈfɔrm]
　動 表演；履行，執行

□ **performance** [pɚˈfɔrməns]
　名 表演；履行，執行

□ **perfume** [ˈpɝfjum]
　名 香水，香味　動 灑香水，發出香味

□ **persist** [pɚˈsɪst]
　動 堅持，持續，繼續

□ **persuasion** [pɚˈsweʒən]
　名 說服，說服力

□ **pest** [pɛst]
　名 害蟲，討厭的人，有害動物

□ **phenomenon** [fəˈnɑməˌnɑn]
　名 現象，非凡的人

□ **philosopher** [fəˈlɑsəfɚ]
　名 哲學家，哲人

□ **philosophical** [ˌfɪləˈsɑfɪkl̩]
　形 哲學的

□ **photographic** [ˌfotəˈgræfɪk]
　形 照相的

□ **physician** [fɪˈzɪʃən]
　名 醫師，內科醫師

□ **physicist** [ˈfɪzɪsɪst]
　名 物理學家，唯物論者

□ **pilgrim** [ˈpɪlgrɪm]
　名 朝聖者，香客

□ **pine** [paɪn]
　名 松樹

□ **pine** [paɪn]
　動 憔悴；渴望，想念

□ **ping-pong** [ˈpɪŋˌpɑŋ]
　名 乒乓球，桌球

□ **pint** [paɪnt]
　名 品脫(容量單位，等於 480g)

□ **pioneer** [ˌpaɪəˈnɪr]
　名 先鋒，拓荒者　動 拓荒，開闢

□ **pit** [pɪt]
　名 凹處，窪坑　動 凹陷，留下凹痕

□ **pitch** [pɪtʃ]
　名 瀝青　動 投擲；定調

□ **plentiful** [ˈplɛntɪfəl]
　形 許多的，豐富的，豐饒的

□ **plenty** [ˈplɛntɪ]
　代 充分，豐富　副 足夠，充分地

□ **plug** [plʌg]
名 塞子，插頭 動 插上，堵住

□ **plum** [plʌm]
名 洋李，梅子，葡萄乾
形（工作）待遇好；出色的

□ **plumber** [ˈplʌmɚ]
名 水管工人

□ **plural** [ˈplʊrəl]
形 複數的 名 複數

□ **poet** [ˈpoɪt]
名 詩人

□ **poetry** [ˈpoɪtrɪ]
名 詩，詞，詩歌

□ **pole** [pol]
名 極，地極，電極；竿

□ **polish** [ˈpɑlɪʃ]
名 光澤，精良 動 磨光，擦亮

□ **poll** [pol]
名 民調，投票 動 民意測驗，投票

□ **ponder** [ˈpɑndɚ]
動 考慮，深思

□ **pony** [ˈponɪ]
名 小馬；小型物

□ **pop** [pɑp]
名 流行音樂；砰的一聲 動 發出砰一聲

□ **port** [port]
名 港口

□ **portable** [ˈportəbl]
形 可攜帶的，可移動的

□ **porter** [ˈportɚ]
名 搬運工，清潔工

□ **portion** [ˈporʃən]
名 部分，一份

□ **pose** [poz]
動 擺姿勢，裝腔作勢；引起
名 姿勢，姿態

□ **possess** [pəˈzɛs]
動 擁有，佔有；具有某種特質

□ **possession** [pəˈzɛʃən]
名 擁有物，所有物，財產

□ **possibly** [ˈpɑsəblɪ]
副 可能地，也許

□ **post** [post]
名 柱子 動 公布，張貼

□ **postage** [ˈpostɪdʒ]
名 郵資

□ **postal** ['postl]
形 郵政的，郵局的

□ **poster** ['posta-]
名 海報

□ **pottery** ['pɑtərɪ]
名 陶器，陶具

□ **pound** [paʊnd]
動 猛烈敲擊

□ **pour** [por]
動 倒，注入，傾注

□ **precise** [prɪ'saɪs]
形 精確的，明白的，嚴謹的

□ **prediction** [prɪ'dɪkʃən]
名 預言，預報

□ **prefer** [prɪ'fɜ-]
動 寧願，較喜愛

□ **preparation** [ˌprɛpə'reʃən]
名 準備，預備

□ **prepared** [prɪ'pɛrd]
形 準備好的，有準備的

□ **presently** ['prɛzn̩tlɪ]
副 目前，不久

□ **preserve** [prɪ'zɜ-v]
動 保存，保護，保藏 名 蜜餞，果醬

□ **presidential** ['prɛzədɛnʃəl]
形 總統的，首長的

□ **prestige** [prɛ'tiʒ]
名 威信，名望，影響力

□ **pride** [praɪd]
名 驕傲，自豪 動 以…為榮

□ **prime** [praɪm]
形 最初的，基本的，首要的
名 最初，初期 動 灌注，裝填

□ **privilege** ['prɪvl̩ɪdʒ]
名 基本人權；特權

□ **process** ['prɑsɛs]
名 過程，進程，程式 動 加工，處理

□ **profound** [prə'faʊnd]
形 深刻的，極度的，深奧的

□ **progress** ['prɑgrɛs]
名 行進；進展，進步 動 前進，進步

□ **prompt** [prɑmpt]
動 促進，引起；激勵 形 立刻的，迅速的

□ **pronounce** [prə'naʊns]
動 發音

☐ **pronunciation** [prə,nʌnsɪ'eʃən]
名 發音，讀法

☐ **publicity** [pʌb'lɪsətɪ]
名 公開；宣傳

☐ **proportion** [prə'porʃən]
名 比例，部分

☐ **publish** ['pʌblɪʃ]
動 出版，發行

☐ **prosperity** [prɑs'pɛrətɪ]
名 繁榮，成功

☐ **publisher** ['pʌblɪʃə]
名 出版社，發行人

☐ **proverb** ['prɑvɝb]
名 格言，諺語，箴言

☐ **pudding** ['pʊdɪŋ]
名 布丁

☐ **province** ['prɑvɪns]
名 省，州

☐ **punch** [pʌntʃ]
名 拳打，力量 動 打拳，用力擊

☐ **psychological** [,saɪkə'lɑdʒɪkl̩]
形 心理學的，精神上的

☐ **pupil** ['pjʊpl̩]
名 門生，學徒

☐ **psychologist** [saɪ'kɑlədʒɪst]
名 心理學者

☐ **pure** [pjʊr]
形 純淨的，純的，純粹的

☐ **pub** [pʌb]
名 酒館，酒吧

☐ **pursuit** [pɚ'sʊt]
名 追蹤，追求

☐ **publication** [,pʌblɪ'keʃən]
名 出版，出版物，刊物

Q

☐ **qualification** [ˌkwɑləfəˈkeʃən]
名 資格，條件

☐ **quilt** [kwɪlt]
名 棉被

☐ **quantity** [ˈkwɑntətɪ]
名 量，數量

R

☐ **radar** [ˈredɑr]
名 雷達，電波探測器

☐ **react** [rɪˈækt]
動 反應；反抗；起化學作用

☐ **radiation** [ˌredɪˈeʃən]
名 發光，輻射，發熱

☐ **rear** [rɪr]
形 後面的，背後的 名 後面，後方
動 培養，撫養；栽種

☐ **radical** [ˈrædɪkl]
形 基本的；激進的

☐ **receiver** [rɪˈsivɚ]
名 接收者，接收器

☐ **raincoat** [ˈrenˌkot]
名 雨衣

☐ **reception** [rɪˈsɛpʃən]
名 接待；招待會

☐ **raisin** [ˈrezn̩]
名 葡萄乾，深紫紅色

☐ **recession** [rɪˈsɛʃən]
名 撤退；衰退

☐ **rational** [ˈræʃənl̩]
形 理智的，具推理能力的，合理的

☐ **recognition** [ˌrɛkəgˈnɪʃən]
名 認出，識別；承認

☐ **ray** [re]
名 射線

☐ **recorder** [rɪˈkɔrdɚ]
名 錄音機，記錄者

☐ **razor** [ˈrezɚ]
名 剃刀

☐ **reduce** [rɪˈdjʊs]
動 減少，降低

□ **reduction** [rɪˈdʌkʃən]
名 縮小，減少

□ **relation** [rɪˈleʃən]
名 關係；聯繫

□ **refer** [rɪˈfɝ]
動 提及，歸因，論及

□ **relatively** [ˈrɛlətɪvlɪ]
副 相對的，相較而言

□ **reflection** [rɪˈflɛkʃən]
名 反射，回響；沉思，回憶

□ **relax** [rɪˈlæks]
動 鬆弛，放鬆

□ **regional** [ˈridʒən!]
形 地方的，地域性的

□ **relaxation** [ˌrilæksˈeʃən]
名 放鬆，放寬，鬆弛

□ **registration** [ˌrɛdʒɪˈstreʃən]
名 登記，註冊

□ **relief** [rɪˈlif]
名 減輕，解除

□ **regret** [rɪˈgrɛt]
名 懊悔，遺憾，痛惜
動 婉惜，懊悔，遺憾

□ **religion** [rɪˈlɪdʒən]
名 宗教

□ **regulate** [ˈrɛgjəˌlet]
動 管理，控制

□ **remark** [rɪˈmɑrk]
名 備註，注意，評論
動 評論，談及，注意

□ **rehearse** [rɪˈhɝs]
動 預演，排演

□ **remedy** [ˈrɛmədɪ]
名 藥物，補救 動 治療，矯正，補救

□ **reject** [rɪˈdʒɛkt]
動 拒絕，排斥；怠慢

□ **reminder** [rɪˈmaɪndɚ]
名 提示；催函

□ **relate** [rɪˈlet]
動 有關連；將事物聯繫；理解，同情

□ **renew** [rɪˈnju]
動 更新；恢復

□ **related** [rɪˈletɪd]
形 有關的，相關的

□ **repeatedly** [rɪˈpitɪdlɪ]
副 重複地，一再地

□ **represent** [ˌrɛprɪˈzɛnt]
動 表現；代表，象徵

□ **representation**
[ˌrɛprɪzɛnˈteʃən]
名 代表，代理；抗議

□ **republic** [rɪˈpʌblɪk]
名 共和國，共和政體

□ **republican** [rɪˈpʌblɪkən]
名 共和主義，共和黨
形 共和國的，共和主義的

□ **request** [rɪˈkwɛst]
名 請求，請願，要求　動 請求，要求

□ **researcher** [riˈsɝtʃɚ]
名 研究員，調查者

□ **resemble** [rɪˈzɛmbl̩]
動 相似，類似

□ **reserve** [rɪˈzɝv]
名 儲備，保留　動 保留，預訂

□ **residence** [ˈrɛzədəns]
名 居住，住所

□ **resident** [ˈrɛzədənt]
名 居民，定居者　形 居住的，定居的

□ **resignation** [ˌrɛzɪgˈneʃən]
名 辭職，辭呈，放棄

□ **resist** [rɪˈzɪst]
動 抵抗，反抗，抗拒

□ **resistance** [rɪˈzɪstəns]
名 抵抗，反抗

□ **resistant** [rɪˈzɪstənt]
形 抵抗的

□ **resolution** [ˌrɛzəˈluʃən]
名 決心；決議；解答

□ **resolve** [rɪˈzɑlv]
動 決定；解決

□ **resource** [rɪˈsors]
名 資源

□ **respect** [rɪˈspɛkt]
名 尊重　動 尊重

□ **respond** [rɪˈspand]
動 回應，回答

□ **responsible** [rɪˈspansəbl̩]
形 為…負責，負責任的

□ **restriction** [rɪˈstrɪkʃən]
名 限制，約束

□ **retain** [rɪˈten]
動 保持，維持

□ **revision** [rɪˈvɪʒən]
名 校訂，修正

□ **ripe** [raɪp]
形 成熟的

□ **revolution** [ˌrɛvəˈluʃən]
名 革命，變革；行星的運行

□ **roast** [rost]
動 烤，烘焙　形 烘烤的，烤過的
名 烤肉，烘烤

□ **rewrite** [riˈraɪt]
動 重寫，改寫　名 重寫的文稿

□ **robber** [ˈrɑbɚ]
名 強盜，盜賊

□ **rhyme** [raɪm]
動 押韻　名 韻腳，韻文

□ **robbery** [ˈrɑbərɪ]
名 搶案，搶劫

□ **rhythm** [ˈrɪðəm]
名 節奏；節奏感

□ **robe** [rob]
名 長袍，禮服

□ **ribbon** [ˈrɪbən]
名 緞帶

□ **rocket** [ˈrɑkɪt]
名 飛彈，火箭　動 向上急衝，迅速上升

□ **riches** [ˈrɪtʃɪz]
名 財富；肥沃

□ **romantic** [rəˈmæntɪk]
形 浪漫的；愛情的

□ **rid** [rɪd]
動 使免除，擺脫

□ **rooster** [ˈrustɚ]
名 公雞，趾高氣昂的人

□ **riddle** [ˈrɪdl̩]
名 謎題，謎語

□ **rough** [rʌf]
形 粗糙的，草率的　副 粗糙地，草率地
動 粗製，草擬

□ **rider** [ˈraɪdɚ]
名 騎士（機車、腳踏車、馬等）

□ **route** [rut]
名 路徑，途徑　動 確定路徑，按路線走

□ **rifle** [ˈraɪfl̩]
名 步槍，來福槍

□ **routine** [ruˈtin]
名 例行公事，常規　形 例行的，一般的

□ **rubbish** [ˈrʌbɪʃ]
名 垃圾；廢話

□ **rural** [ˈrʊrəl]
形 鄉下的，田園的

□ **rug** [rʌg]
名 毛毯，小毯子

□ **rust** [rʌst]
名 鏽，生鏽 動 生鏽

□ **runner** [ˈrʌnɚ]
名 跑者，逃亡者

□ **rusty** [ˈrʌstɪ]
形 生鏽的；荒廢的

□ **running** [ˈrʌnɪŋ]
名 賽跑，運轉 形 奔跑的，運轉的

其他單字 Vocabulary

□ **sack** [sæk]
動 裝入袋 名 麻袋，粗布袋

□ **sanction** [ˈsæŋkʃən]
名 核准，約束力 動 認可，讚許

□ **sadden** [ˈsædn̩]
動 使悲傷

□ **sanitary** [ˈsænəˌtɛrɪ]
形 衛生的；保健的

□ **safely** [ˈseflɪ]
副 安全地，平安地

□ **satellite** [ˈsætl̩ˌaɪt]
名 人造衛星 形 人造衛星的

□ **sake** [ˈsek] [ˈsɑkɪ]
名 緣故，理由；(日)清酒

□ **sausage** [ˈsɔsɪdʒ]
名 香腸，臘腸

□ **salesperson** [ˈselzˌpɚsn̩]
名 店員，銷售員

□ **saving** [ˈsevɪŋ]
名 存款，積蓄

□ **salty** [ˈsɔltɪ]
形 鹹的，有鹽分的

□ **saw** [sɔ]
名 鋸子 動 鋸

saying [ˈseɪŋ]
名 諺語，格言

seagull [ˈsiˌɡʌl]
名 海鷗

scarcely [ˈskɛrslɪ]
副 幾乎不，幾乎沒有

seal [sil]
動 封印；蓋章 名 印章，圖章；海豹

scheme [skim]
名 方案；體制 動 計劃，策劃；圖謀

seaside [ˈsiˌsaɪd]
名 海邊

scissors [ˈsɪzɚz]
名 剪刀

season [ˈsizn̩]
名 季節，時節 動 調味

scold [skold]
動 責罵，叱責

secondary [ˈsɛkənˌdɛrɪ]
形 次要的，次級的

scout [skaʊt]
名 童子軍；偵察員 動 偵查

second-hand [ˈsɛkəndˌhænd]
形 第二手的，二手的，用過的
副 其次，居第二位的

scratch [skrætʃ]
動 搔，抓 名 抓痕，擦傷

sector [ˈsɛktɚ]
名 區域，部門；扇形

scream [skrim]
動 尖叫，喊叫 名 尖叫聲

secure [sɪˈkjʊr]
動 保護；關緊 形 安全的；確信的

screw [skru]
動 旋，擰，固定 名 螺絲釘，螺栓

security [sɪˈkjʊrətɪ]
名 安全，防護

scrub [skrʌb]
動 擦洗，擦掉 名 擦洗，擦乾淨

selection [səˈlɛkʃən]
名 選擇

seafood [ˈsiˌfud]
名 海鮮，海產

senior [ˈsinjɚ]
形 年長的，地位較高的
名 較年長者，學長，前輩

□ **sensible** ['sɛnsəbl]
形 有感覺的；有判斷力的

□ **sentence** ['sɛntəns]
名 句子

□ **separation** [,sɛpə'reʃən]
名 分離；分居

□ **settler** ['sɛtlɚ]
名 移民者，殖民者

□ **sew** [so]
動 縫製，縫上

□ **sex** [sɛks]
名 性別，性，性行為

□ **sexual** ['sɛkʃʊəl]
形 性別的，性的

□ **shade** [ʃed]
名 陰影，陰暗 動 遮蔽，使陰暗

□ **shadow** ['ʃædo]
名 影子，陰影 動 遮蔽，變陰暗
形 陰暗的，遮蔽的

□ **shady** ['ʃedɪ]
形 成蔭的，陰暗的

□ **shameful** ['ʃemfəl]
形 可恥的，丟臉的

□ **shampoo** [ʃæm'pu]
名 洗髮精，洗髮 動 洗頭，洗髮

□ **share** [ʃɛr]
動 分享，共有；分攤
名 股份；貢獻；分紅

□ **sharpen** ['ʃɑrpn̩]
動 使尖銳；使強烈

□ **shave** [ʃev]
動 剃，刮

□ **shaver** ['ʃevɚ]
名 理髮師，騙子

□ **shell** [ʃɛl]
名 貝殼，殼；骨架

□ **shelter** ['ʃɛltɚ]
名 遮蓋物，避難所 動 掩護，遮蔽

□ **shepherd** ['ʃɛpɚd]
名 牧羊人，指導者，牧師 動 看守，指導

□ **shift** [ʃɪft]
動 使移動；換檔 名 轉變；輪班

□ **shiny** ['ʃaɪnɪ]
形 發光的，有光澤的

□ **shopkeeper** ['ʃɑp,kipɚ]
名 店主，老闆

□ **shopping** [ˈʃɑpɪŋ]
名 購物，買東西

□ **signal** [ˈsɪɡnl̩]
名 信號，暗號；交通號誌
動 打信號，標示

□ **shortage** [ˈʃɔrtɪdʒ]
名 不足，匱乏

□ **significance** [sɪɡˈnɪfəkəns]
名 意義，含義

□ **shortcoming** [ˈʃɔrtˌkʌmɪŋ]
名 缺點，短處

□ **silk** [sɪlk]
名 絲，綢

□ **shortcut** [ˈʃɔrtˌkʌt]
名 捷徑，近路

□ **similarity** [ˌsɪməˈlærətɪ]
名 類似，相似點

□ **shortly** [ˈʃɔrtlɪ]
副 不久，即刻

□ **simultaneous** [ˌsaɪml̩ˈtenɪəs]
形 同時的，同步的

□ **short-sighted** [ʃɔrtˈsaɪtɪd]
形 近視的，目光短淺的

□ **sincerely** [sɪnˈsɪrlɪ]
副 真誠地，由衷地

□ **shovel** [ˈʃʌvl̩]
名 鏟子，鐵鏟　動 鏟東西

□ **Singaporean** [ˌsɪŋɡəˈpɔrɪən]
形 新加坡人，新加坡的　名 新加坡人

□ **shrink** [ʃrɪŋk]
動 收縮，退縮　名 收縮，畏縮

□ **singular** [ˈsɪŋɡjələ]
形 單數的，獨個的，單一的

□ **shuttle** [ˈʃʌtl̩]
名 梭子，擺梭；往返巴士、飛機
動 來回穿梭

□ **sip** [sɪp]
動 啜，啜飲　名 啜飲

□ **sigh** [saɪ]
動 歎氣，歎息　名 歎息，歎息聲

□ **skating** [ˈsketɪŋ]
名 溜冰，滑水

□ **sightseeing** [ˈsaɪtˌsiɪŋ]
名 觀光，遊覽

□ **sketch** [skɛtʃ]
名 素描，草圖　動 寫生，畫素描

□ **skiing** [ˈskiɪŋ]
名 滑雪，滑雪運動

□ **skim** [skɪm]
動 撇去，去除

□ **skip** [skɪp]
動 跳躍；跳過 名 跳，省略

□ **skyscraper** [ˈskaɪˌskrepɚ]
名 摩天樓

□ **slang** [slæŋ]
名 俚語

□ **slavery** [ˈslevərɪ]
名 奴隸，奴隸制度

□ **sleeve** [sliv]
名 袖子，袖套

□ **slice** [slaɪs]
名 薄片，切片 動 切下，切薄片

□ **slight** [slaɪt]
形 輕微的，脆弱的 動 輕視，忽略
名 輕蔑，怠慢

□ **slightly** [ˈslaɪtlɪ]
副 微微地，微小地

□ **slippery** [ˈslɪpərɪ]
形 光滑的，靠不住的

□ **slogan** [ˈsloɡən]
名 口號，標語

□ **slope** [slop]
名 斜坡，傾斜 動 傾斜

□ **smog** [smɑɡ]
名 煙霧

□ **smoking** [ˈsmokɪŋ]
名 抽煙 形 冒煙的，冒氣的

□ **smoky** [ˈsmokɪ]
形 冒煙的，燻黑的

□ **snap** [snæp]
動 斷裂發出聲音 形 倉促的 名 斷裂聲

□ **sneak** [snik]
動 鬼鬼祟祟，偷偷摸摸

□ **snowman** [ˈsnoˌmæn]
名 雪人

□ **sociable** [ˈsoʃəbḷ]
形 社交的，增進友誼的

□ **socket** [ˈsɑkɪt]
名 插座，托座

□ **softball** [ˈsɔftˌbɔl]
名 壘球，壘球運動

□ **software** [ˈsɔftˌwɛr]
名 軟體

□ **soy** [sɔɪ]
名 大豆，醬油

□ **soil** [sɔɪl]
名 土壤，國土，土地 動 弄髒，污辱

□ **soybean** [sɔɪbin]
名 大豆

□ **solar** [ˈsolɚ]
形 太陽的，日光的

□ **spacecraft** [ˈspesˌkræft]
名 太空船

□ **solid** [ˈsɑlɪd]
形 固體的，堅固的
名 固體，固態物，立方體

□ **spade** [sped]
名 鏟子，鐵鍬

□ **somehow** [ˈsʌmˌhau]
副 不知怎的，以某種方式

□ **spare** [spɛr]
形 剩餘的；簡陋的 動 節約；寬恕；提供
名 備用品

□ **sometime** [ˈsʌmˌtaɪm]
副 有時，從前，改天
形 以前的，某一時間

□ **spark** [spɑrk]
名 火花，閃光 動 閃耀，發出閃光

□ **somewhat** [ˈsʌmˌhwɑt]
副 稍微，有點

□ **sparkle** [ˈspɑrkl̩]
動 閃耀，冒火花 名 火花，閃耀

□ **sorrow** [ˈsɑro]
名 悲傷，不幸

□ **sparrow** [ˈspæro]
名 麻雀

□ **southeast** [sauθˈist]
名 東南部，東南 副 在東南方，自東南
方，向東南方 形 東南的，東南部的

□ **spear** [spɪr]
名 矛，魚叉 動 刺，戳，用矛刺

□ **southwest** [sauθˈwɛst]
名 西南部，西南 副 在西南部，自西南
部的 形 西南的，西南部的，西南方的

□ **specific** [spɪˈsɪfɪk]
形 特殊的，明確的，特別的

□ **sow** [so]
動 散佈，散播 名 大母豬

□ **spectator** [spɛkˈtetɚ]
名 觀眾，旁觀者，目擊者

□ **spell** [spɛl]
名 咒語，符咒

□ **sportsman** ['sportsmən]
名 運動員，運動家

□ **spicy** [spaɪsɪ]
形 加香料的，辛辣的

□ **spray** [spre]
名 浪花，水花 動 噴灑，噴塗

□ **spin** [spɪn]
動 紡織，紡紗 名 旋轉，疾馳

□ **sprinkle** ['sprɪŋkl̩]
動 灑，撒 名 灑，小雨

□ **spinach** ['spɪnɪtʃ]
名 菠菜

□ **spy** [spaɪ]
名 間諜，偵探 動 偵察

□ **spiritual** ['spɪrɪtʃʊəl]
形 精神上的；宗教的

□ **squeeze** [skwiz]
動 緊握，榨取 名 榨，緊握

□ **spit** [spɪt]
動 吐，噴 名 唾液，口水

□ **squirrel** ['skwɝəl]
名 松鼠

□ **spite** [spaɪt]
名 惡意，怨恨

□ **stable** ['stebl̩]
形 穩定的，牢固的

□ **splash** [splæʃ]
動 濺，潑 名 污點，飛濺的水

□ **stable** ['stebl̩]
名 馬房，馬棚

□ **splendid** ['splɛndɪd]
形 光亮的，了不起的

□ **stadium** ['stedɪəm]
名 露天大型運動場

□ **spokesman** ['spoksmən]
名 發言人，代表者

□ **staff** [stæf]
名 職員，工作人員 動 給…配備職員

□ **spontaneous** [spɑn'tenɪəs]
形 自發性的

□ **staircase** ['stɛrˌkes]
名 樓梯，梯子

☐ **stare** [stɛr]
動 盯，凝視，注視 名 凝視，瞪眼，凝視

☐ **starvation** [star'veʃən]
名 飢餓，挨餓，餓死

☐ **starve** [starv]
動 使餓死，快餓死

☐ **state** [stet]
名 狀況，情況；州 動 說明，陳述
形 正式的，國家的，官方的

☐ **statue** ['stætʃʊ]
名 雕像，塑像

☐ **status** ['stetəs]
名 狀態，地位

☐ **steady** ['stɛdɪ]
形 穩定的，沈著的 動 固定，穩固

☐ **steel** [stil]
名 鋼，鋼鐵 動 鋼化，使像鋼

☐ **steep** [stip]
形 陡峭的，險峻的

☐ **steer** [stɪr]
動 掌舵，帶領，指導 名 指點，建議

☐ **stem** [stɛm]
動 起源於 名 莖，柄

☐ **stepfather** ['stɛp.faðɚ]
名 繼父

☐ **stereo** ['stɛrɪo]
形 立體聲的 名 立體聲，立體聲效果

☐ **sticky** ['stɪkɪ]
形 粘的，泥濘的

☐ **stimulate** ['stɪmjə.let]
動 刺激，激勵，鼓舞

☐ **sting** [stɪŋ]
動 刺，刺激 名 刺，針刺，刺痛

☐ **stir** [stɝ]
動 攪拌，攪動 名 微動，激動

☐ **stitch** [stɪtʃ]
名 針線，線跡 動 縫，編結

☐ **stock** [stak]
名 樹幹，血統，股份 動 備有，進貨，
採購 形 股票的，普通的，常備的

☐ **stocking** ['stakɪŋ]
名 長襪

☐ **stool** [stul]
名 凳子，廁所，馬桶

☐ **storey** ['storɪ]
名 樓層

□ **storyteller** [ˈstorɪˌtɛlɚ]
名 作家，說書者

□ **subject** [ˈsʌbdʒɪkt] [sʌbˈdʒɪkt]
名 主題，科目　形 受制於…的，未獨立的
動 統治，使服從

□ **strategy** [ˈstrætədʒɪ]
名 策略

□ **substance** [ˈsʌbstəns]
名 物質，實質，主旨

□ **strength** [strɛŋθ]
名 力量，力氣

□ **subtract** [səbˈtrækt]
動 減去，減少，扣掉

□ **strict** [strɪkt]
形 嚴格的，嚴謹的，精確的

□ **suck** [sʌk]
動 吸，吸吮

□ **string** [strɪŋ]
名 線，一串，細繩　動 串起，收緊

□ **suffering** [ˈsʌfərɪŋ]
名 受苦，苦惱，勞苦

□ **strive** [straɪv]
動 努力，奮鬥

□ **suitable** [ˈsutəbl̩]
形 適合的，適當的

□ **stroke** [strok]
名 打，擊；中風　動 打，擊，觸碰

□ **sum** [sʌm]
名 總數，金額　動 加總，總計，總括

□ **structure** [ˈstrʌktʃɚ]
名 結構，構造，建築物
動 建造，構成，建構

□ **summit** [ˈsʌmɪt]
名 頂點，最高點

□ **studio** [ˈstjudɪˌo]
名 工作室，畫室，攝影室

□ **sunlight** [ˈsʌnˌlaɪt]
名 日光，日照

□ **struggle** [ˈstrʌgl̩]
名 奮鬥，掙扎；打鬥
動 奮鬥，掙扎；打鬥

□ **sunrise** [ˈsʌnˌraɪz]
名 日出，黎明

□ **stuff** [stʌf]
名 材料，原料，東西　動 塞滿，填充

□ **sunset** [ˈsʌnˌsɛt]
名 日落，晚年

□ **superb** [sʊ'pɝb]
形 堂皇的，極好的，華麗的

□ **suspension** [sə'spɛnʃən]
名 懸掛，暫停，停職

□ **supervision** [ˌsʊpɚ'vɪʒən]
名 監督，管理

□ **swear** [swɛr]
動 發誓，宣誓

□ **supply** [sə'plaɪ]
名 供給，補給品 動 供給

□ **swell** [swɛl]
動 增大，膨脹，腫脹 名 鼓起，膨脹

□ **suppose** [sə'poz]
動 猜想，推測，假設

□ **swift** [swɪft]
形 迅速的，敏捷的 名 大滾筒

□ **support** [sə'port]
名 支持 動 支持，撫養

□ **swimming** ['swɪmɪŋ]
名 游泳，暈眩

□ **supreme** [sə'prim]
形 至高的，極端的

□ **switch** [swɪtʃ]
動 轉換，轉變 名 開關，轉換

□ **surely** ['ʃʊrlɪ]
副 的確地，安全地

□ **sword** [sord]
名 劍，武力

□ **surgery** ['sɝdʒərɪ]
名 外科，手術，手術室

□ **syllable** ['sɪləbl̩]
名 音節

□ **surroundings** [sə'raʊndɪŋz]
名 環境，周圍的事物

□ **symphony** ['sɪmfənɪ]
名 交響曲，交響樂

□ **survey** [sɚ've] ['sɚve]
動 調查，測量 名 調查，民調

□ **syrup** ['sɪrəp]
名 糖漿，果汁

□ **survivor** [sɚ'vaɪvɚ]
名 生還者，殘存者

□ **tablecloth** [ˈteblˌklɔθ]
　名 桌巾

□ **teenage** [ˈtinˌedʒ]
　形 十幾歲的，青少年時期的

□ **tack** [tæk]
　名 大頭釘，圖釘　動 釘圖釘

□ **telegram** [ˈteləˌgræm]
　名 電報，電信

□ **tag** [tæg]
　名 牌子，標籤　動 加標籤，附加

□ **telegraph** [ˈteləˈgræf]
　名 電報，電報機　動 打電報，電匯

□ **tailor** [ˈtelɚ]
　名 裁縫師，服裝店　動 裁製，修改

□ **telescope** [ˈteləˌskop]
　名 望遠鏡

□ **tale** [tel]
　名 故事，謠言

□ **televise** [ˈteləˌvaɪz]
　動 電視播送，電視拍攝

□ **tame** [tem]
　形 經馴養的，馴服的　動 馴化，馴養

□ **temper** [ˈtempɚ]
　名 脾氣　動 調劑，使緩和

□ **tap** [tæp]
　動 輕拍，輕叩　名 輕拍，輕叩

□ **temporary** [ˈtempəˌrɛrɪ]
　形 暫時的，臨時的

□ **tasty** [ˈtestɪ]
　形 美味的，可口的

□ **tenant** [ˈtenənt]
　名 承租人，房客

□ **technical** [ˈtɛknɪkl̩]
　形 技術上的，工業的，專門的

□ **tend** [tɛnd]
　動 走向，傾向

□ **technological** [tɛknəˈlɑdʒɪkl̩]
　形 技術的，工藝的

□ **tender** [ˈtɛndɚ]
　形 嫩的，敏感的

□ **teens** [tin]
　名 青少年

□ **tense** [tɛns]
　形 拉緊的，繃緊的　動 使拉緊，使緊繃

□ **tension** [ˈtɛnʃən]
名 緊張，拉緊，不安

□ **thoughtful** [ˈθɔtfəl]
形 深思的，有思想性的，體貼的

□ **terminal** [ˈtɝmənḷ]
名 終點，末端，總站 形 末端的，終點的

□ **thread** [θrɛd]
名 線，線索 動 穿線於，穿過

□ **terrify** [ˈtɛrəˌfaɪ]
動 使恐怖，恐嚇

□ **threat** [θrɛt]
名 恐嚇，威脅

□ **territory** [ˈtɛrəˌtorɪ]
名 領土，版圖

□ **thunderstorm** [ˈθʌndɚˌstɔrm]
名 大雷雨

□ **text** [tɛkst]
名 文本，課文，正文

□ **tickle** [ˈtɪkḷ]
動 發癢，搔癢

□ **thankful** [ˈθæŋkfəl]
形 感激的，感謝的

□ **tide** [taɪd]
名 潮汐，潮，浪潮

□ **theft** [θɛft]
名 偷竊，盜竊

□ **tight** [taɪt]
形 緊的，嚴厲的 副 緊緊的

□ **theirs** [ðɛrz]
代 他們的某物

□ **timetable** [ˈtaɪmˌtebḷ]
名 時刻表，課程表，行程表 動 排時間

□ **thinking** [ˈθɪŋkɪŋ]
名 思想，思考 形 思考的，有理性的

□ **tin** [tɪn]
名 錫，罐頭

□ **thirst** [θɝst]
名 口渴，渴望 動 渴望

□ **tiptoe** [ˈtɪpˌto]
動 踮腳走路，躡手躡腳地走
名 腳尖，趾尖

□ **thorough** [ˈθɝo]
形 十分的，徹底的

□ **tire** [taɪr]
名 輪胎

□ **tire** [taɪr]
動 使疲倦，疲勞

□ **toss** [tɔs]
動 拋，投　名 投擲，搖擺

□ **tissue** [ˈtɪʃʊ]
名 面紙，棉紙

□ **tow** [to]
動 拖曳，牽引　名 拖，拉，牽引

□ **tobacco** [təˈbæko]
名 煙香，香煙

□ **trace** [tres]
動 追蹤，探索；描繪輪廓　名 蹤跡，痕跡

□ **tolerable** [ˈtɑlərəbl̩]
形 可忍受的，可容忍的

□ **trademark** [ˈtredˌmɑrk]
名 商標，標記

□ **tolerance** [ˈtɑlərəns]
名 寬容，寬大

□ **trader** [ˈtredɚ]
名 商人，商船

□ **ton** [tʌn]
名 噸

□ **trail** [trel]
名 痕跡，足跡　動 跟蹤，追蹤

□ **tone** [ton]
名 音調，語調　動 定音調，定調

□ **training** [ˈtrenɪŋ]
名 訓練

□ **toothpaste** [ˈtuθˌpest]
名 牙膏

□ **transport**
[ˈtrænspɔrt] [trænsˈpɔrt]
名 運輸，交通工具　動 傳送，運輸

□ **torch** [tɔrtʃ]
名 火炬，火把　動 點火把，點亮

□ **traveler** [ˈtrævlɚ]
名 旅行者，旅客

□ **tornado** [tɔrˈnedo]
名 龍捲風，旋風

□ **tray** [tre]
名 盤子，托盤

□ **tortoise** [ˈtɔrtəs]
名 烏龜，遲緩的人或物

□ **tremendous** [trɪˈmɛndəs]
形 巨大的，可怕的

□ **tribe** [traɪb]
名 部落，部族

□ **tune** [tjun]
名 曲調，調子 動 調音，調整

□ **tricky** [ˈtrɪkɪ]
形 狡猾的，棘手

□ **twig** [twɪg]
名 細枝，嫩枝

□ **troop** [trup]
名 群，組，軍隊 動 群集，結隊

□ **twinkle** [ˈtwɪŋkl̩]
動 閃爍，閃亮，閃耀
名 閃爍，閃耀，瞬息

□ **troublesome** [ˈtrʌbl̩səm]
形 麻煩的，棘手的

□ **twist** [twɪst]
動 扭轉，絞 名 扭，絞

□ **trunk** [trʌŋk]
名 軀幹，樹幹

□ **typewriter** [ˈtaɪpˌraɪtɚ]
名 打字機

□ **truthful** [ˈtruθfəl]
形 誠實的，說實話的

□ **typing** [taɪpɪŋ]
名 打字，鍵入

□ **tug** [tʌg]
動 用力拉，奮鬥 名 猛拉，拖曳

□ **typist** [ˈtaɪpɪst]
名 打字員

□ **tumble** [ˈtʌmbl̩]
動 翻倒，倒塌 名 跌跤，倒塌

其他單字 Vocabulary

U 🎧 15-21

□ **unable** [ʌnˈebl̩]
形 不能的

□ **understanding**
[ˌʌndɚˈstændɪŋ]
名 諒解，理解

□ **underground** [ˈʌndɚˌgraʊnd]
形 地下的，秘密的 副 在地下，秘密地

□ **undertake** [ˌʌndɚˈtek]
動 承擔，許諾

□ **underwater** [ˈʌndɚˌwɔtɚ]
副 水中的，水面下的
形 水中的，水面下的

□ **unity** [ˈjunətɪ]
名 個體，結合，一致

□ **underweight** [ˈʌndɚˌwet]
形 重量不足的

□ **unless** [ʌnˈlɛs]
連 如果不，除非

□ **unfortunately** [ʌnˈfɔrtʃənɪtlɪ]
副 不幸地，不巧地

□ **unlike** [ʌnˈlaɪk]
形 不同的，不相似的

□ **unfriendly** [ʌnˈfrɛndlɪ]
形 不友善的

□ **untouched** [ʌnˈtʌtʃt]
形 未觸及的，未改變的

□ **union** [ˈjunjən]
名 聯盟，工會

□ **upward** [ˈʌpwɚd]
形 向上的

□ **unite** [juˈnaɪt]
動 聯合，合併，統一

□ **urge** [ɝdʒ]
動 催促，強力要求 名 衝動，推動力

□ **united** [juˈnaɪtɪd]
形 聯合的，一致的，統一的

□ **usage** [ˈjusɪdʒ]
名 用法，習慣，使用

其他單字 Vocabulary
V
🎧 15-22

□ **vacant** [ˈvekənt]
形 空的，空靈的，空白的

□ **valuable** [ˈvæljʊəb!]
形 有價值的，貴重的

□ **vague** [veg]
形 含糊的，茫然的

□ **vanish** [ˈvænɪʃ]
動 消失，突然不見

□ **vain** [ven]
形 自負的，徒勞無功的

□ **vapor** [ˈvepɚ]
名 水汽，蒸汽

□ **variety** [vəˈraɪətɪ]
名 多樣性，變化

□ **various** [ˈvɛrɪəs]
形 多元的，不同的

□ **vary** [ˈvɛrɪ]
動 改變，變更

□ **vast** [væst]
形 巨大的，非常的，廣大的

□ **vegetarian** [ˌvɛdʒəˈtɛrɪən]
形 素食的 名 素食主義者，草食性動物

□ **vehicle** [ˈviɪkl̩]
名 交通工具，傳達媒介，車輛

□ **venture** [ˈvɛntʃɚ]
名 冒險，風險，投機
動 冒…之險，敢於，冒險

□ **verse** [vɝs]
名 韻文，詩

□ **vessel** [ˈvɛsl̩]
名 船，容器

□ **videotape** [ˈvɪdɪoˈtep]
名 錄影帶 動 錄到帶子上

□ **vigor** [ˈvɪgɚ]
名 活力，體力，強健

□ **violence** [ˈvaɪələns]
名 暴力

□ **violent** [ˈvaɪələnt]
形 猛烈的，暴力的，激烈的

□ **violet** [ˈvaɪəlɪt]
名 紫羅蘭 形 紫羅蘭色的

□ **violinist** [ˌvaɪəˈlɪnɪst]
名 小提琴家，小提琴演奏家

□ **virgin** [ˈvɝdʒɪn]
名 處女，處男 形 童貞的，純潔的

□ **visible** [ˈvɪzəbl̩]
形 看得見的，顯然的，明顯的

□ **visual** [ˈvɪʒuəl]
形 視覺的，形象的

□ **vital** [ˈvaɪtl̩]
形 活力的，充滿生命的；非常重要的

□ **voyage** [ˈvɔɪɪdʒ]
名 航行，航海 動 航行，航海

□ **wage** [wedʒ]
名 薪水，代價，工資 動 開展，進行

□ **wax** [wæks]
名 蠟 動 上蠟，塗蠟

□ **wagon** ['wægən]
名 貨車，四輪馬車

□ **way** [we]
副 非常，大大地

□ **waken** ['wekn̩]
動 喚醒，醒來，覺醒

□ **weaken** ['wikən]
動 削弱，減

□ **waltz** [wɔlts]
名 華爾茲舞，圓舞曲 動 跳華爾茲舞

□ **wealth** [wɛlθ]
名 財富，富裕

□ **ward** [wɔrd]
名 守衛，保護，保衛
動 守護，防止，保衛

□ **wealthy** ['wɛlθɪ]
形 富有的，充分的

□ **warfare** ['wɔr,fɛr]
名 戰爭，衝突

□ **weave** [wiv]
動 編織，紡織 名 編法，編織

□ **warmth** [wɔrmθ]
名 溫暖，溫情，親切

□ **web** [wɛb]
名 網，蛛絲

□ **warning** ['wɔrnɪŋ]
名 警告，通知

□ **weed** [wid]
名 野草，雜草 動 除草，剷除

□ **warship** ['wɔr,ʃɪp]
名 軍艦，戰船

□ **weigh** [we]
動 秤重量，重壓

□ **watchman** ['wɑtʃmən]
名 守門人，看守人

□ **welfare** ['wɛl,fɛr]
名 福利，幸福，安寧 形 幸福的，安寧的

□ **waterproof** ['wɔtɚ,pruf]
形 防水的，不透水的 名 防水材料
動 使防水

□ **well** [wɛl]
名 井，泉源

□ **well-known** ['wɛl'non]
形 知名的

□ **wildly** ['waɪldlɪ]
副 野生地，野蠻地

□ **westerner** ['wɛstənə]
名 西方人，西部人，歐美人

□ **wink** [wɪŋk]
動 眨眼，閃爍，眨　名 眨眼，瞬間

□ **whenever** [hwɛn'ɛvə]
副 不論何時，每逢　連 無論何時，隨時

□ **wipe** [waɪp]
動 擦，揩，消除　名 擦拭

□ **wherever** [hwɛr'ɛvə]
副 無論哪裡　連 任何地方

□ **wire** [waɪr]
名 電線，電報，鐵絲網
動 打電報，用金屬絲捲起

□ **whichever** [hwɪtʃ'ɛvə]
代 無論哪個　形 任何一個

□ **withdraw** [wɪð'drɔ]
動 撤回，撤消

□ **whip** [hwɪp]
名 鞭子，車夫　動 鞭打，攪拌

□ **wizard** ['wɪzəd]
名 男巫，巫師

□ **whisper** ['hwɪspə]
動 耳語，低聲說　名 耳語，謠傳

□ **wool** [wʊl]
名 羊毛，毛線

□ **whistle** ['hwɪsl̩]
動 吹口哨，鳴汽笛　名 口哨聲，汽笛

□ **workbook** ['wɝk,bʊk]
名 練習簿，業務手冊

□ **wicked** ['wɪkɪd]
形 壞的，缺德的，邪惡的

□ **workshop** ['wɝk,ʃɑp]
名 工作室，研討會

□ **widespread** ['waɪd,sprɛd]
形 分佈廣泛的，普遍的

□ **worldwide** ['wɝld,waɪd]
副 遍及世界的　形 全世界的

□ **wildlife** ['waɪld,laɪf]
名 野生動植物

□ **worm** [wɝm]
名 蟲，蠕蟲　動 蠕行，除蟲，慢慢前進

□ **worn** [worn]
形 磨損的，疲倦的

□ **wrapping** ['ræpɪŋ]
名 包裝紙，包裝材料

□ **worried** ['wɜɪd]
形 擔心的，煩惱的，悶悶不樂的

□ **wreck** [rɛk]
動 失事，拆毀 名 失事，殘骸

□ **wow** [waʊ]
嘆 哇！ 動 發出哇的聲音，興奮時發出的聲音

□ **wrinkle** ['rɪŋkl]
名 皺紋，缺點 動 起皺紋

□ **wrap** [ræp]
動 包裝，纏繞 名 外套，包裹

□ **writing** ['raɪtɪŋ]
名 筆跡，著作，作品

其他單字 Vocabulary

X   🎧 15-24

□ **X-ray** [ɛks're]
名 X光線 動 照X光片

其他單字 Vocabulary

Y   🎧 15-25

□ **yogurt** ['jogɚt]
名 優酪乳，酸奶酪

□ **youngster** ['jʌŋstɚ]
名 年青人，少年

□ **yolk** [jok]
名 蛋黃

□ **youthful** ['juθfəl]
形 年輕的，青年的

其他單字 Vocabulary

Z   🎧 15-26

□ **zone** [zon]
名 地區，地帶，地域 動 環繞，分成地帶

索引
Index

A

索引

B
C

索引

C

索引

E
F

索引

G
H

索引

I

索引

J
–
M

索引

N
O

索引

Q
R

索引

S
索引

T
索引

U
V
W

索引

MEMO

決勝英單
高中必背單字 2500

高中三年單字、文法一次雙效搞定！

[25K+MP3]

英語大全 **08**

▼著　　者　**里昂**

▼發 行 人　**林德勝**

▼出版發行　**山田社文化事業有限公司**

　　地址　臺北市大安區安和路一段112巷17號7樓
　　電話　02-2755-7622
　　傳真　02-2700-1887

▼郵政劃撥　**19867160 號　大原文化事業有限公司**

▼總 經 銷　**聯合發行股份有限公司**

　　地址　新北市新店區寶橋路235巷6弄6號2樓
　　電話　02-2917-8022
　　傳真　02-2915-6275

▼印　　刷　**上鎰數位科技印刷有限公司**

▼法律顧問　**林長振法律事務所　林長振律師**

▼書＋ MP3　**定價　新台幣 320 元**

▼初　　版　**2021 年 3 月**

© ISBN : 978-986-246-602-5
2021, Shan Tian She Culture Co. , Ltd.